밤의 노래

Lied der Nacht

김성은 작가의 연주를 직접 감상할 수 있는 Youtube 채널
음악과 문학을 사랑하는 사람들의 공간 **PIANO&PIANISM**
https://www.youtube.com/@PIANOPIANISM

음악 에세이와 시, 산문, 논픽션 모음집

밤의 노래
Lied der Nacht

김성은 지음

예서

프롤로그

약 2년간의 투고 끝에 원고가 채택되어 출판된 시집 『순간의 환영』과 마찬가지로 『밤의 노래』 역시 출판과정에서 우여곡절이 많았다. 이 작품도 『순간의 환영』과 거의 비슷한 투고 기간이 소요되었고 오랜 기다림 끝에 어느 출판사에서 원고가 채택되었다는 연락이 왔지만, 납득하기 어려운 조건이 붙었다. 『밤의 노래』 3부 파편들 전체를 삭제하고 그 자리에 1부 The Music Box와 구별되는 별도의 음악 에세이를 넣거나, 그것이 어렵다면 2020년에 출판된 『음악을 바라보는 시선』을 3부에 넣어서 작품을 마무리하자는 것이었다. 그 외에는 계약 조건이 모두 마음에 들었다. 원고를 채택했던 출판사 대표님께 최대한 정중하면서도 단호하게 3부 파편들은 책의 중심이기 때문에 삭제되는 것은 원하지 않고 필요하다면 10편 내외의 새로운 음악 에세이 원고를 작성해서 보내드리겠으니 그 원고를 4부로 넣어서 작품을 마무리하고 싶다고 말씀드렸지만 요지부동이었다.

가뜩이나 출판 시장이 얼어붙어 있는데 정치색이 너무 강한 작품을 출판하게 되면 위험 부담이 크고 만약에 내가 원하는 형태로 책이 출판된다고 해도 향후 도서 선정 보급 사업이나 정부 지원 사업에 신청은 할 수 있지만 심의 과정에서 책은 물론 출판사도 보이지 않는 불이익을 받을 수도 있다고 하시며 난색을 표하시는 모습을 보면서 나는 갈림길에 섰다. 빛을 보지 못할 것 같았던 원고를 책으로 엮는 대신 3부 파편들을 삭제할 것인가? 아니면 3부 파편들을 포기하지 않고 저자로서의 신념을 지키면서 원고 자체를 스스로 사장할 것인가?

시집 『순간의 환영』의 끝자락에 작품 해설 대신 수록된 작가 인터뷰에서 나는 『밤의 노래』를 여러 출판사에 투고 중이며 원고가 채택되지 않더라도 개의치 않을 것이라고 이미 언급한 바 있다. 하지만 사람의 욕심은 끝이 없는 법이다. 긴 고민 끝에 『순간의 환영』을 출판할 때 인연을 맺었던 경진출판과 도서출판 예서를 함께 이끌고 계신 양정섭 대표님께 연락을 드려서 그간의 과정을 말씀드렸다. 입이 떨어지지 않았지만 정말 어렵게 먼저 출간 제의를 했던 출판사의 계약 조건으로 출판이 가능한지 여쭤보는 나의 질문에 양정섭 대표님께서는 조금의 망설임도 없이 수락을 표명하셨다. 양정섭 대표님에게는 3부 파편들이 문제가 되지도 않았다. 전화를 통하여 확인할 수 있었던 출판인으로서의 확고한 철학과 신념, 그리고 뚝심에 나는 혀를 내두를 수밖에 없었다. 하긴 만약에 양정섭 대표님께서 이리저리 눈치를 보시며 출판업에 종사해 오셨다면 시가 읽히지 않는 시대에 시인선을 런칭하고 시집이 팔리지 않을 것을 뻔히 알면서도 시집 원고를 공모하여 출판하는 자살행위에 가까운 실험은 애초에 시도조차 하지 않으셨을 것이다.

운명의 장난이었을까?『밤의 노래』의 출판 계약이 성립되고 원고 전체가 전달된 지 일주일이 지난 2024년 12월 3일 대한민국을 격랑에 휩싸이게 한 비상계엄이 선포되었다. 국회에서의 대통령 탄핵안이 부결과 가결을 거쳐 헌법재판소에서의 결정이 최종적으로 내려지기까지 한 치 앞도 내다볼 수 없는 혼란스러운 와중에도『밤의 노래』의 출간 작업이 지체되지 않고 진행되었다는 사실이 지금도 믿기지 않는다. 계엄의 후유증은 지금도 여전히 사회 곳곳에 남아 있다. 사장될 뻔했던 원고가 책으로 엮이게 되어 한없이 기쁘지만, 한편으로는 출판사에 무거운 짐을 떠맡긴 것 같아 마음이 편치 않다. 양정섭 대표님께 정말 감사하다는 말씀을 지면을 통하여 다시 한번 전해드린다.

독자들이 이 책을 읽기 전에 숙지해주셨으면 하는 점이 있다. 원래『밤의 노래』는 시산문집의 형태를 띠고 있었고 1부 The Music Box, 2부 Humour, 3부 파편들로만 이루어진 작품이었는데 투고과정에서의 피드백과 출판과정에서의 의견을 받아들여

2020년에 출판된 『음악을 바라보는 시선』이 4부로 추가 수록되어 작품이 마무리되게 되었다. 이 부분을 숙지하면서 본문을 읽어나간다면 『밤의 노래』가 가지고 있던 고유의 색이 『음악을 바라보는 시선』의 추가 수록으로 인하여 약간 변형되었다는 것을 알게 될 것이다.

마지막으로 가족들을 언급하지 않을 수 없다. 아버지께서 돌아가신 지 벌써 10년이 흘렀다. 돌아가시기 직전에 아버지의 귀에다 입을 대고 어머니를 잘 모시겠다고 말씀드렸는데 지금까지 마지막 약속을 제대로 이행하지 못하고 살아온 것 같아서 마음이 무겁다. 비록 돌아가셨지만 내 마음속에 항상 살아계시는 아버지께 내가 여전히 당신을 사랑한다는 말씀을 전해드리고 싶다.

나도 어느덧 40대에 접어들었지만, 어머니에게는 여전히 철없는 아들일 뿐이다. 어머니를 생각하면 자식 노릇을 제대로 하지 못하고 있는 것 같아서 죄송한 마음이 크다. 적지 않은 나이임에도 불구하고 여전히 응석받이인 못난 작은아들을 항상 아낌없이 사랑해주시는 어머니께 감사하다는 말씀을 전해드린다.

늘 내 편인 형과 동생에게도 고마운 마음을 전한다. 형과 동생의 격려와 관심이 없었다면 『밤의 노래』는 완성되지 못하고 구상 중인 상태에 계속 머물러 있었을 것이다. 우리 식구가 되어 주신 형수님과 커갈수록 친할아버지를 많이 닮아가는 조카에게도 역시 고마운 마음을 전한다.

내가 살아가는 이유인 사랑하는 가족들과 음악과 시를 사랑하는 모든 이들에게 이 책을 바친다.

차례

프롤로그 ___ 4

1부 The Music Box

내면의 독백: 시벨리우스의 〈슬픈 왈츠〉를 연습하며 ·············· 15
천재들의 수다 ··· 18
아이러니: 야콥 자크를 생각하며 ····································· 20
Fragment: 음악 역사 강의 내용 중 일부 ··························· 22
상극의 유머 ·· 24
소고 ··· 26
도플갱어 ·· 28
카탈로그: 그랜드 피아노를 표준으로 ································ 30
해석, 그 영원한 난제에 관한 고찰: 2020년 1월 4일 일기 ········ 33
악보를 읽고 ·· 35
시선 ··· 37
담장 너머에 있는 꽃들 ·· 39
거만한 음악 평론가들에게 ·· 41
독트린: 얼간이의 노래 ··· 43
독트린에 대한 작곡가들의 반응 ······································ 49
콩쿠르 심사: 세르게이 도렌스키를 생각하며 ······················ 51

9

2부 Humour

확성기 소리 ·· 65
확성기 소리 2 ······································ 67
감자와 까마귀 ····································· 69
듀엣: KDH의 기도 ······························ 78
본의 아니게 음담패설: ET를 생각하며 ········ 81
추억 ·· 84
흑역사 ·· 87
언어의 변형: YS를 생각하며 ··················· 89
선거: 2022년 제20대 대통령 선거를 앞두고 ··· 91
아메리카노 유사품 제조 방식 ··················· 94
발언권을 행사하며 ································· 97

3부 파편들

단문 ··· 107
진술서 ·· 108
소리 ··· 110
절규 1 ·· 111
절규 2: 피로 쓴 메모 ····························· 112
전사의 노래: 김남주 시인을 기리며 ··········· 114
수사관의 노래: 이불을 뒤집어쓰고 ············ 116
관상 ··· 117
마왕 ··· 122

마왕의 퇴장 ··· 125
도살자들의 노래 ··· 127
목사의 노래 ··· 129
퍼즐 조각 ··· 131
친구들에게 ··· 133
조사: Weinen, Klagen, Sorgen, Zagen ································· 135
밤의 노래: Lied der Nacht ··· 137
천사의 노래: 천상병 시인을 기리며 ····································· 140
통화 내역 ··· 142

4부 음악을 바라보는 시선

반 클라이번 ·· 147
키스 자렛을 떠올리면서 ·· 154
미야시타 나츠, 『양과 강철의 숲』: 문학에서 울리는 음과 소리들 ······ 157
레프 오보린 ·· 160
에밀 길렐스 ·· 164
야콥 플리예르 ··· 169
두 편의 흑백 영화, 그리고 내면의 울림
  : 영화를 통하여 상기된 음악들 ··· 175
〈백야행-하얀 어둠 속을 걷다〉(2009)
  : 영화가 발산한 음악의 현상과 흐름 ································· 180
〈입술에 노래를〉(2015)
  : 울리지 않던 피아노 소리와 마침내 울린 피아노 소리 ········ 185
올리비에 메시앙: 그의 음악을 바라보면서 ··························· 189
슈라 체르카스키 ·· 192

스타니슬라프 네이가우즈 ······································· 196
루돌프 제르킨 전집을 듣고
　(The Complete Columbia Album Collection, 75CD)
　: 진리를 향하여 항해했던 기록들 ···································· 202
키릴 콘드라신, 그의 삶과 음악을 회상하면서
　: 음악을 통한 만남과 음악을 통한 이별 ···························· 208

1부
The Music Box

내면의 독백

: 시벨리우스의 〈슬픈 왈츠〉를 연습하며

아니야. 이건 아니야. 무엇인가 경직되어 있고 자연스럽지 않아. 만약에 지휘자가 이 작품의 오케스트라 버전을 지휘할 때 첫 마디부터 마지막 마디까지 한 마디 안에 들어 있는 세 박을 일일이 나누어서 하나 둘 셋, 하나 둘 셋 지휘하는 모습을 본다면 어떤 생각이 들 것 같아? 생각만 해도 끔찍하지? 그런데 니가 지금까지 그런 방식으로 연주를 했어! 리하르트 슈트라우스는 젊은 게오르그 솔티에게 왈츠를 지휘할 때는 한 마디 안에 들어 있는 세 박을 일일이 나누어서 지휘하지 말고 각 마디의 첫 음을 강조하여 한 마디를 한 박으로 간단하게 지휘하는 것이 좋다고 조언을 했지. 위대한 작곡가인 동시에 위대한 지휘자이기도 했던 리하르트 슈트라우스의 경험에서 우러나온 조언은 피아노 연주에도 적용할 수 있어. 한 마디 안에 들어 있는 세 박을 일일이 나누어서 읽지 말고 각 마디의 첫 음을 강조하여 한 마디를 한 박으로 읽으면서 연주하면 되는 거야. 일단은 각 마디의 첫 음을 연주할 때 입으로 'One' 하고 말하면서 머리 속으로는 한 마디 안에 들어 있는 세 박을 하나 둘 셋 정확하게 세어보는 것이 좋을 것 같아. 두려워하지 말고 한번 시도해보자.

'One'
(하나 둘 셋)
'One'
(하나 둘 셋)
'One' (하나 둘 셋) 'One' (하나 둘 셋)

우와! 마치 음악이 숨을 쉬고 있는 것 같잖아? 그래, 바로 이거야! 이제야 왈츠를 제대로 연주하는 방법을 알 것 같아. 왈츠를 연주할 때는 박자를 확실하게 지키되 한 마디를 한 박으로 읽으면서 음악을 자연스럽게 이끌어 나가기만 하면 되는 거야. 무엇인가를 보여준다고 박자를 어겨가면서 인위적인 루바토를 구사할 필요가 없어. 내가 왜 지금까지 이 생각을 하지 못했지? 피아노 연습은 귀로 듣고 생각을 하면서 해야 해. 손이 다가 아니야! 피아노 연습을 할 때 손으로만 모든 것을 해결하려고 하는 원초적인 본능을 완전히 억제할 수만 있다면 거세라도 하고 싶은 심정이야. 만족스러운 섹스를 하기 위해서는 머리와 손, 그리고 마음이 함께 활동해야 하지. 피아노 연습도 마찬가지야. 손이 모든 것을 해결해주지는 않아. 자위행위를 할 때도 생각이라는 것을 하면서 손을 사용하지. 모스크바 국립 음악원을 졸업한 인간이 피아노 연습을 하면서 아무런 생각도 하지 않고 손만 사용해? 빌어먹을! 넌 정말 아무짝에도 쓸모없는 인간이야! 응? 오! 좋아. 이 느낌 좋아. 우울한 감정과 분노가 적절히 배합된 지금 이 느낌을 잘 살려서 〈슬픈 왈츠〉를 연주하면 내 인생 최고의 연주를 할 수 있을 것 같아. 그럼 어디 한번 인생의 슬픔을 제대로 노래해볼까?

천재들의 수다①

쇼스타코비치가 로스트로포비치에게 전화를 건다

"슬라바. 지금 나한테 와줄 수 있겠나?"
"지금 가도록 하겠습니다."

얼마 후 쇼스타코비치의 집에 도착한 로스트로포비치

"여기에 앉게나."
"네."

---

① 이 시는 실화를 바탕으로 재구성되었다. 작품의 폭넓은 해석과 이해를 위해서 쇼스타코비치는 일단 말을 하기 시작하면 끝없이 대화를 이어나가는 유형의 사람이었고 로스트로포비치 역시 둘째가라면 서러워할 재담가였다는 사실을 밝혀둔다.

손님에게 자리를 권하고
자신의 소파에 앉아서 침묵을 지키는 작곡가
그리고 당황하는 내색 없이 묵묵히 침묵에 동조하는 손님

한참의 시간이 흐른 후 작곡가가 침묵을 깨고 말한다

"와줘서 고맙네. 이제 가도 되네."
"천만에요. 그럼 전 가보겠습니다."

침묵을 지킬 줄 알았던 그들
침묵을 공유할 줄 알았던 그들
침묵으로 대화할 줄 알았던 그들

쉼표의 의미를
누구보다 잘 알고 있었던 음악가들이기에 가능했던 대화

차원이 달랐던 천재들의 수다

아이러니

: 야콥 자크를 생각하며

겐리흐 네이가우즈가 자신이 사랑하는
한 제자에게 진심 어린 충고를 한다

"베토벤이나 브람스는 자네에게 맞는 작곡가이네.
하지만 쇼팽은 아니야.
쇼팽은 자네의 작곡가가 아니란 말일세!"

그런데 이게 웬일
그 제자는 쇼팽 국제 콩쿠르에서 우승을 해버린다
하지만 이게 끝이 아니다
그 제자가 모교에서 교수로 재직하게 되었을 때는
더 아이러니한 일들이 벌어지게 된다

그는 아주 드물게 제자들에게 쇼팽의 작품을 공부하게 했고 쇼팽의 악보 중에서 성경처럼 떠받들어지고 있는 파데레프스키 판본을 제자들이 사용하는 것을 엄격하게 금했다 심지어 쇼팽을 공부하게 된 제자 중에서 누군가 수업시간에 파데레프스키 판본을 가져오면 그는 수업 진행을 꺼리기도 했다 이유는 간단했다 그의 관점에서 봤을 때 파데레프스키 판본은 과장이 심했고 작곡가의 의도에서 한참 벗어나 있었기 때문이다

이 얼마나 아이러니한 일들의 연속인가!

Fragment①

: 음악 역사 강의 내용 중 일부

소비에트 시대를 살았던 작곡가들에게 있어서 영화 음악은 생존 수단인 동시에 실험의 장이었습니다. 프로코피예프, 쇼스타코비치, 하차투리안 등 1급 작곡가들로 분류되었던 이들의 영화 음악을 자세히 들어보십시오. 심포니나 현악 4중주를 통해서 실험되었다면 엄청난 공격을 받았을 시도들이 영화 음악에서는 수용되고 있다는 것을 알게 되실 겁니다. 데니소프, 구바이둘리나, 슈니트케 등 아방가르드 작곡가로 분류되어 창작 활동에 제약을 받았던 이들 역시 영화 음악에서만큼은 어느 정도 자유롭게 실험을 시도할 수 있었습니다. 그리고 국가도 영화 음악에서만큼은 작곡가들의 다양한 실험을 묵과하고 용

---

① 이 작품은 저자가 음악원에 재학할 때 들었던 음악 역사 강의 내용 중 일부를 그대로 옮긴 것이다.

인하는 모습을 보였습니다. 소비에트 시대를 살았던 작곡가들의 진면목을 알기 위해서는 그들의 영화 음악을 반드시 들어볼 필요가 있습니다.

상극의 유머

러시아의 지휘자 유리 테미르카노프가 한 인터뷰에서 가장 유머러스한 작곡가로 하이든, 프로코피예프, 로디온 셰드린 이렇게 세 명을 거명했을 때 나도 모르게 입에서 '와!' 하고 탄사가 나왔다. 왜냐면 나도 평소에 그렇게 생각하고 있었기 때문이다. 유머는 이 세 작곡가의 삶과 음악에서 중요한 위치를 차지하고 있다. 특히 프로코피예프는 아주 재치 있게 유머를 음악에 삽입했던 작곡가였다. 그는 유머가 언제 어떻게 음악을 통하여 발산되어야 가장 자연스러운지를 누구보다 잘 알고 있었던 비범한 두뇌의 소유자였다.

웃어야 할 때 울고 울어야 할 때 웃는 사람은 광인이다. 나는 쇼스타코비치의 음악을 들을 때마다 광인을 보는 듯한 느낌을 받는다. 그의 유머는 뜬금없이 아주 과격한 방식으로 나타나기에 당혹감을 느끼게 한다. 음악을 통하여 드러나는 그의 유머는 신랄하고 냉소적이며 조소로 가득 차 있다. 쇼스타코비치의 유머는 위트로 가득 찬 프로코피예프의 유머와 성질이 완전히 다르다. 그들이 생전에 서로 사이가 좋지 않았던 것과 서로의 음악에 호의적이지 않았던 것은 결코 우연이 아니다.

소고

    남자 피아니스트의 연주를 들었는데 크고 빠르게 연주했다는 것 외에는 다른 인상을 받지 못했다고 치자. 그러면 그 연주자는 조루일 가능성이 크다. 그 피아니스트가 무대에 나와서 피아노에 앉자마자 바로 연주를 시작하는 습관이 몸에 배어 있다면 조루일 확률은 더 커진다. 만약에 그 피아니스트가 연주가 끝나는 동시에 여운을 느낄 틈도 없이 바로 의자에서 일어나서 청중들에게 인사한 후 서둘러 무대 뒤로 사라지는 습관도 함께 가지고 있다면 조루일 가능성은 99.9%라고 봐도 무방하다. 나는 개인적으로 여자들에게 방금 예를 든 피아니스트와 같은 남자와는 되도록 만나지 말라고 충고하고 싶다. 그런 남자는 전희와 후희의 개념조차 모르고 사정을 하고 나면 바로 담배를 피우든지 아니면 씻기 위해서 화장실로 후다닥 달려갈 인간일 가능성이 아주 크기 때문이다. 그런 부류의 남자들은 굉장히 이기적이라서 만나는 상대에게 싫증을 느껴도 위험부담이 크기 때문에 차마 헤어지자는 말은 하지 못한다. 대신 관계를 맺을 때 줄기차게 후배위를 요구하면서 허락받고 나면 절정의 순간에 다른 여자를 생각할 것이다. 지나친 프로이트주의가 아니냐며 반문하는 이들이 있을지도 모르겠다. 물론 나 역시 모든 상황을 성적 본능과 연관하여 해석하는 것에는 동의하지 않는다. 하지만 음악가들에게 있어서 연주를 통하여 연주자의 특성과 취향을 알아차리는 것은 그리 어려운 일이 아니다. 연주는 한 인간의 원초적 본능이 고스란히 드러나는 행위이다. 문득 저명한 피아니스트이자 교육자였던 알렉산더 골덴바이저의 명언이 생각난다. 나는 그의 견해에 전적으로 동감한다. 리듬에 대한 개념과 이해가 현저하게 부족한 사람은 균형 잡힌 삶을 살아가지 못한다. 특히 악기 연주 시 리듬을 유난히 잘 지키지 못하는 사람은 생활 속에서도 질서가 잡혀 있지 않다. 그런 사람은 생활 리듬 역시 깨진 상태에 있기 때문에 항상 지각을 밥 먹듯이 하면서도 무엇이 문제인지 모르는 경우가 많고 제때 업무를 처리하지 못해서 주위 사람들을 난처하게 만드는 경우가 허다하다. 골덴바이저가 음악적 현상과 인간의 행동 양상을 바라보면서 포착한 연관 관계는 그야말로 획기적인 발견이라 할 수 있다. 음악가들은 연주를 통해서 세상과 교감하는 사람들이다. 때로는 음악가의 촉을 믿어보는 것도 나쁘지 않다. 여자의 촉에 비견될 수 있는 것이 바로 음악가의 촉이니까.

도플갱어

브람스와 라두 루푸
닮은 정도가 아니라 거의 똑같다
한마디로 붕어빵

라흐마니노프와 알렉시스 바이젠베르크
외모뿐만 아니라 연주 스타일과 작품 해석
그리고 피아노 음색까지 거의 판박이다
아빠와 아들

쇤베르크와 알렉세이 류비모프
Vista Vera에서 발매된 류비모프의
쇤베르크 피아노 작품 전곡 음반 커버를 자세히 보라
더 이상의 설명은 필요 없다

프로코피예프와 안경 쓴 므스티슬라프 로스트로포비치
or
프로코피예프와 안경 쓴 겐나디 로제스트벤스키
한 아버지와 배다른 형제
하지만 피는 속이지 못한다

사랑하면 닮는다
누군가를 닮아간다는 것은
누군가를 사랑한다는 것이다

카탈로그

: 그랜드 피아노를 표준으로

스타인웨이

뉴욕에서 제조된 것이든 함부르크에서 제조된 것이든
스타인웨이 그랜드 피아노를 소유하고 있다면 당신은
인생을 성공적으로 살고 있다고 단호하게 말할 수 있다

뵈젠도르퍼

품격 있는 소리와 진한 음색
만약 당신이 이 피아노를 소유하고 있다면
당신은 음악에 대한 탁월한 안목을
가지고 있는 사람이라고 감히 말할 수 있다

벡스타인

나쁘지 않다 하지만 나의 스타일은 아니다

파지올리
화려한 음색을 가진 멋진 피아노
하지만 음색의 화려함이 조금 지나친 면이 없지 않아 있다

가와이
나쁘지 않은 피아노
하지만 나는 차라리 다른 선택을 하겠다

야마하
완벽한 피아노
하지만 나는 이 피아노로 연습을 하거나
연주를 하고 싶은 생각은 추호도 없다
음악원에 재학할 때 이 피아노가 있는
연습실에서는 한사코 연습하기를 꺼려했지
너무 완벽하다는 것이 단점
엄청난 조건과 뛰어난 외모와
환상적인 몸매를 가지고 있는
완벽한 이성이지만 개인적으로는 그 어떤 매력도
느끼지 못할 때의 감정을 그대로 전달해주는 악기
분명히 완벽한 이성이지만 잠자리는
가지고 싶지 않은 대표적인 예

영창

이 피아노에 맛을 들이면 삼익은 연주할 수 없다

삼익

이 피아노에 맛을 들이면 영창은 연주할 수 없다

해석, 그 영원한 난제에 관한 고찰

: 2020년 1월 4일 일기

 희한한 경험을 했다. 나의 〈쇼스타코비치 주제에 의한 Poem 판타지〉를 연습할 때 나도 모르게 '이 작곡가는 도대체 무슨 생각으로 화성을 이렇게 진행시킨 거야?' 하고 생각했다가 재빨리 상황을 파악하고 실소했다. 내가 봤을 때 오늘 겪었던 일은 『잃어버린 시간을 찾아서』의 후유증이 틀림없다. 고 김창석 시인의 번역은 그 대작의 국내 최초 번역이라는 점에서 분명히 의미가 있다. 하지만 오탈자와 편집상의 오류는 둘째치고라도 현시점에서 그의 번역은 다소 거칠고 유연하지 못한 점이 있었다. 번역도 하나의 예술이다. 같은 의미와 뜻을 가진 문장이라도 시대에 따라서 미묘하게 변형되어 독자에게 전달된다. 나에게는 페이지를 최소화하기 위해서 한정된 공간 안에 텍스트를 마구 밀어 넣은 점은 하나도 문제가 되지 않았다. 아주 옛날 책들은 그런 경우가 허다하다. 인위적으로 페이지 수를 늘리

위하여 꼼수를 부린 것이 역력한 책을 손에 집어 들고 역겨움을 느낄 바에야 텍스트를 마구 밀어 넣은 책을 선택하는 것이 차라리 현명한 선택이다.

　문제는 해석이다. 완성된 하나의 문학작품이 있더라도 번역은 시대에 따라서 변한다. 시대가 요구하는 언어 배열의 흐름이 있고 시대에 맞는 번역이 있다. 음악으로 방향을 돌리면 해석의 복잡성은 더 걷잡을 수 없게 된다. 악보에도 다양한 판본이 있고 악보 편집자의 관점에 따라서 음악의 흐름이 판이하게 바뀌는 경우도 허다하다. 거기에 연주자의 관점과 개성까지 합쳐지면 문제는 더 복잡해진다. 이 작곡가는 도대체 무슨 생각으로 화성을 이렇게 진행시켰냐고? 이 작곡가는 도대체 무슨 생각으로 화성을 이렇게 진행시켰냐고? 이 작곡가는 도대체 무슨 생각으로 화성을 이렇게 진행시켰냐고? 나도 나를 모르는데 내가 아닌 다른 누군가의 의도를 악보 안에서 끄집어내려고 하는 것 자체가 아이러니이고 난센스다. 웃기는 노릇이다….

악보를 읽고

　보리스 파스테르나크가 음악가의 길을 포기하고 문학가의 길로 들어서게 된 결정적인 이유는 스크랴빈이라는 커다란 장벽 앞에서 현실을 냉정하게 직시했기 때문이었다. 파스테르나크의 피아노 소나타와 두 개의 프렐류드 악보를 쭉 읽어봤다. 악보를 읽는 내내 음악가의 길을 포기했던 그의 선택은 정말로 탁월한 선택이었다는 생각을 머리 속에서 지울 수가 없었다. 그는 소리로 어쭙잖은 모방을 하면서 시간을 허비하는 대신 언어로 불멸의 문장들을 빚어내었고 그 덕분에 그의 이름은 그가 그토록 존경했던 스크랴빈과 함께 역사에 새겨질 수 있었다. 음악가의 길을 포기하면서 파스테르나크가 느꼈을 엄청난 좌절감을 생각하며 장롱 안에 보관 중인 나의 악보들을 아주 오랜만에 꺼냈다. 우칠리쉬를 졸업하던 해에 작곡했던 나의 〈쇼스타코비치 주제에 의한 Poem 판타지〉 악보와 음악원을 졸업하던 해에 작곡했던 연주회용 에튀드 〈리드미코〉 악보를 쭉 읽어 봤다. 미숙한 면이 없지 않지만 그래도 쓸모 있는 부분들이 꽤 발견되었기에 가슴이 쓰라 렸다. 이 두 작품은 공교롭게도 똑같은 운명에 처했었다. 〈쇼스타 코비치 주제에 의한 Poem 판타지〉는 우칠리쉬를 졸업하던 해에 열린 외국인 학부 연주회에서 쇼스타코비치의 프렐류드와 푸가 Op. 87 No. 21과 함께 연주하기로 전공 선생님과 이야기가 되었 음에도 불구하고 외국인 학부 학과장의 강력한 반대로 인하여 연주를 할 수 없었다. 왜 나의 작품을 연주할 수 없냐는 전공 선생님의 물음에는 내가 교육기관에서 작곡과 교육과정을 이수 하지 않았고 작곡 전공 졸업장을 받지 않았기 때문에 연주할 수 없다는 단호한 대답이 돌아왔었다. 음악원을 졸업하던 해에 작곡했던 연주회용 에튀드 〈리드미코〉 역시 박사과정 전공 입학 시험 프로그램에 넣었지만 똑같은 이유로 연주를 거부당했다. 그리고 이 두 작품 모두 지금까지 제대로 연주도 되지 못한 채 장롱 안에서 악보를 이불 삼아 고이 잠자고 있는 상태다. 이 얼마나 얄궂은 운명의 장난인가! 나의 악보들을 읽을 때 음표들 이 '우리는 도대체 언제 연주될 수 있나요?' 하고 물어오는 듯한 소리가 들려서 '쇼스타코비치의 4번 심포니는 25년간이나 연주 되지 못한 채 서랍장 안에 보관되어 있었으니까 너희들은 잔말 말고 잠이나 계속 자!'라고 대답했다. 하지만 막상 악보를 덮고 나니 마음이 시렸다. 신이시여! 언젠가는 저 불쌍한 것들이 아주 잠시라도 좋으니 빛을 볼 수 있도록 도와주소서!

시선

예전에 유리 테미르카노프가 모스크바 국립 음악원에서 지휘과 학생들을 상대로 마스터 클래스를 하는 영상을 접했던 적이 있다. 지금은 무슨 이유에선지 풀영상을 찾아볼 수가 없지만 거의 모든 학생이 작품의 도입부 직전에 약간의 박자를 저으며 신호를 주는 부분에서 그로부터 지적을 받았는데 그 모습들이 지금도 눈에 선하다.

"아우프탁트 처리가 확실하지 않아요."
"아우프탁트를 저을 때 자연스럽지 않았어요."
"아우프탁트를 더 정확하게 저어주세요."

아주 오래전에 처음으로 겐나디 로제스트벤스키의 연주회에 참석하여 그가 지휘하는 모습을 보고 지휘자가 되고자 했던 나의 꿈을 가차 없이 접었던 것이 기억난다. 로제스트벤스키가 자신의 부인인 빅토리야 포스트니코바 여사와 함께 프로코피예프 피아노 협주곡 전곡 사이클을 모스크바 국립 음악원의 대공연장에서 열었을 때였다. 프로코피예프의 피아노 협주곡 1번의 첫 악장 도입부 직전에 로제스트벤스키가 오케스트라에

약간의 박자를 저으며 신호를 준 후 첫 세 음을 지휘했을 때 너무나도 명료하고 정확한 그의 지휘 동작에 소름이 확 끼쳤다. 4초도 되지 않는 그 짧은 순간에 나는 아우프탁트의 개념을 확실히 이해하게 되었으며 내가 아무리 노력해도 나는 지휘자가 될 수 없다는 사실을 뼈저리게 깨달았다. 그 연주회 내내 나는 그가 지휘하는 모습을 보면서 입을 다물 수가 없었다. 거장 지휘자는 많다. 하지만 나는 로제스트벤스키보다 더 정확하게 지휘하는 지휘자는 알지 못한다. 누가 그처럼 익살스럽게 프로코피예프의 음악을 지휘할 수 있을까? 누가 그처럼 서늘하고 냉기 가득한 시벨리우스를 내놓을 수 있을까? 누가 그처럼 러시아 악단으로부터 자연스러운 브루크너 울림을 뽑아낼 수 있을까? 그의 죽음과 동시에 진정한 거장의 시대는 종말을 고했다.

담장 너머에 있는 꽃들

니콜라이 메트너의 피아노 소나타들
과거의 향수를 가득 머금은 라일락

니콜라이 먀스콥스키의 피아노 소나타들
어두운 시간 속에서도 빛을 잃지 않았던 흰 백합

사무일 페인베르크의 피아노 소나타들
과거와 미래를 잇는 가교에 꽃피운 안개꽃

스크랴빈이라는 담장 너머에 있기에
찬미 받지 못하는 운명에 놓인 불행한 꽃들

오, 신이시여

어찌하여 그 꽃들로 하여금 그리도 잔혹한
태생적 한계를 짊어지게 하셨나이까

거만한 음악 평론가들에게

비판을 받지 아니하려거든 비판하지 말라
너희의 비판하는 그 비판으로
너희가 비판을 받을 것이요
너희의 헤아리는 그 헤아림으로
너희가 헤아림을 받을 것이니라
(마태복음 7장 1절~2절)

만일 네 손이 너를 범죄케 하거든 찍어버리라
불구자로 영생에 들어가는 것이 두 손을 가지고
지옥의 꺼지지 않는 불에 들어가는 것보다 나으니라
(마가복음 9장 43절)

만일 네 눈이 너를 범죄케 하거든 빼어버리라

한 눈으로 하나님의 나라에 들어가는 것이
두 눈을 가지고 지옥에 던지우는 것보다 나으니라
(마가복음 9장 47절)

그러므로 남을 판단하는 사람아
무론 누구든지 네가 핑계치 못할 것은
남을 판단하는 것으로 네가 너를 정죄함이니
판단하는 네가 같은 일을 행함이니라
(로마서 2장 1절)

네가 어찌하여 네 형제를 판단하느뇨
어찌하여 네 형제를 업신여기느뇨
우리가 다 하나님의 심판대 앞에 서리라
(로마서 14장 10절)

거만한 음악 평론가들이여
지금까지 지은 죄를 생각하니까
겁이 덜컥 나면서 다리가 후덜덜 떨리지요?
네? 뭐라고요? 쫄린다고요?
쫄리면 뒈지시든지

독트린①

: 얼간이의 노래

　소비에트 음악은 현재 심각한 위기에 직면해 있습니다. 주위를 한 번 둘러보십시오. 모든 인민이 붕괴 직전인 우리의 음악에 대해서 우려를 표하고 있습니다. 그들은 입을 모아 애매모호한 선율과 혼돈 그 자체인 리듬, 그리고 온갖 조잡한 기법들로 이루어진 퇴폐적이고 반혁명적인 음악을 우리나라에서 영구적으로 퇴출해야 한다고 말합니다. 인민이 이해하지 못하는 음악

---

① 저자는 '즈다노프 독트린'을 생각하며 이 작품을 썼다. 안드레이 즈다노프(1896~1948)는 '즈다노프 비판'이라고도 불리는 그의 악명 높은 독트린을 통하여 예술가들에게 소비에트의 정책 노선에 입각한 작품을 창작하도록 압력을 행사했다. 그 과정에서 많은 예술가가 반동주의자, 형식주의자로 낙인찍혀서 탄압받았으며 많은 작품이 출판 금지, 상연 금지, 연주 금지 처분을 받았다. 작품에서 언급된 니콜라이 먀스콥스키, 세르게이 프로코피예프, 드미트리 쇼스타코비치, 아람 하차투리안은 실제로 즈다노프에게 혹독한 비판을 받았다. '즈다노프 독트린'의 전문이나 속기록을 입수할 수는 없었으나 작곡가들의 창작성향과 여러 사람의 증언을 종합해보면 대략 저자가 작품을 통하여 그려낸 것과 같은 방식으로 비판받았을 것으로 추측된다.

과 인민의 마음에 다가가지 못하는 방향성을 잃은 음악은 음악이 아니라 소음일 뿐입니다. 음악의 주인은 누구입니까? 음악은 작곡가 개인의 것이 아닙니다. 음악은 인민의 것인 동시에 우리 당과 국가의 것입니다. 위대한 지도자이자 스승이신 스탈린 동지와 우리 당은 지금까지 인내심을 가지고 작곡가 동지들을 지켜봐 왔습니다. 특히 바다와 같이 넓은 아량을 가지신 경애하는 우리의 아버지 스탈린 동지는 우리 당이 추구하는 노선과 상반되는 작품들이 발표되더라도 작곡가 동지들이 일체의 불이익을 당하지 않도록 특별히 신경을 쓰셨습니다. 그리고 우리 당 역시 창작의 자유를 최대한 보장하면서 작곡가 동지들이 조금이라도 더 쾌적한 환경 속에서 창작 활동을 할 수 있도록 물심양면으로 배려했습니다. 그런데 작곡가 동지들은 국가의 호의를 방종으로 갚았습니다. 가장 중요한 위치에 있는 작곡가 동지들이 책임감 있게 행동하기는커녕 독창성과 실험이라는 이름으로 일탈 행위를 일삼기 시작하더니 급기야는 스스로 만든 틀에 갇혀서 타락한 형식주의자로 전락하는 모습을 우리는 여러 번 봐왔습니다. 인내심에도 한계가 있습니다. 쓰러지는 소비에트 음악과 좌절되는 작곡가 동지들을 이대로 보고만 있을 수 없습니다. 그래서 우리 당과 인민은 소비에트 음악과 미래 세대의 작곡가들을 위하여 타락한 형식주의자들에게 준엄한 회초리를 들기로 결의했습니다. 지금부터 거명되는 작곡가 동지들은 우리 당과 인민의 건설적인 비판을 겸허하게 받아들여야 할 것입니다. 그리고 철저한 자아 성찰을 통하여 사회주의 건설에 도움이 되는 음악을 우리 당과 인민 앞에 내어놓아야 할 것입니다.

먼저 니콜라이 먀스콥스키 동지에 대한 우리 당의 입장을 말씀드리겠습니다. 먀스콥스키 동지가 전통을 기반으로 음악을 작곡하는 것과 교육자로서 지대한 공헌을 하고 있다는 점을 우리 당은 높이 평가합니다. 하지만 먀스콥스키 동지의 음악은 과거에 머물러 있고 미래를 향하여 전진하고 있는 우리 소비에트 사회상을 거의 반영하고 있지 않습니다. 로마노프 왕조가 무너진 지가 30년이 넘었는데 먀스콥스키 동지의 음악은 여전히 그 시대에 머물러 있습니다. 혹시 그때가 그리운 것입니까? 개인주의 노선을 걷는 행위는 이제 멈추어야만 합니다. 우리 당과 인민에게 부르주아적인 음악은 필요 없습니다. 과거에서 재료를 얻으려 하지 말고 현재로 눈을 돌리십시오. 먀스콥스키 동지는 음악에 현실을 반영할 필요가 있습니다.

프로코피예프 동지에 대한 우리 당의 입장을 말씀드리겠습니다. 프로코피예프 동지의 음악은 선율이 명료하지 못하고 전체적으로 너무 거친 느낌이 듭니다. 인민이 즉각적으로 수용할 수 있는 선율을 기반으로 음악을 작곡하십시오. 그리고 어째서 음악이 그렇게 거칠 수가 있습니까? 우리 소비에트 사회에는 힘세고 거친 괴물들만 살고 있습니까? 우리 인민에게는 부드럽고 따뜻한 성품이 없습니까? 혹시 아직도 해외에 있을 때처럼 그저 사람들의 이목을 끌려고 무엇인가 새로운 것에만 집착하고 있다면 이제 그만 망상에서 벗어나십시오. 우리 당과 인민은 프로코피예프 동지에게 소비에트 사회에 적응할 시간을 충분하게 주었습니다. 이제 일탈 행위를 멈추십시오. 이것은 부탁이 아니라 우리 당과 인민의 명령입니다.

쇼스타코비치 동지에 대한 우리 당의 입장을 말씀드리겠습니다. 쇼스타코비치 동지의 음악은 도무지 예측할 수가 없습니다. 예를 들어보겠습니다. 전쟁 중에 발표된 쇼스타코비치 동지의 7번 심포니 〈레닌그라드〉는 우리 당과 인민에게 크나큰 선물이었습니다. 그러나 그 이후의 행보를 보십시오. 8번 심포니를 통하여 우리 당과 인민에게 전달된 염세주의는 위험한 수준이었습니다. 소비에트 음악은 건설적이어야 하며 긍정적이어야 합니다. 비관적인 사상이 담긴 음악은 우리 당과 인민에게 필요 없습니다. 개인적으로 쇼스타코비치 동지에게 물어보고 싶은 것이 있습니다. 쇼스타코비치 동지는 일탈 행위를 멈추면 몸이 근질근질합니까? 도대체 9번 심포니를 그런 방식으로 작곡한 이유가 뭡니까? 쇼스타코비치 동지는 우리 당과 인민이 자신의 9번 심포니를 통해서 무엇을 얻고자 했는지를 뻔히 알고 있었으면서도 개인주의 노선을 걸으면서 마음껏 우리 당과 인민을 우롱했습니다. 우리 당과 인민의 이름으로 명령합니다. 쇼스타코비치 동지는 일탈 행위를 멈추십시오.

   하차투리안 동지에 대한 우리 당의 입장을 말씀드리겠습니다. 하차투리안 동지가 인민에게 나아가기 위해 민속 음악에 관심을 가진다는 점을 우리는 높이 평가합니다. 하지만 민속적인 선율을 남용하는 바람에 음악이 저속하게 변질되어 가는 경향이 하차투리안 동지의 음악에서 종종 발견됩니다. 저는 하차투리안 동지의 작품이 연주되는 연주회에 참석하면 유랑극단의 공연을 보는 듯한 느낌을 받습니다. 민속적인 선율을 사용하는 것은 좋으나 과하지 않고 품격 있게 사용할 필요가 있습니다. 그리고 하차투리안 동지 역시 프로코피예프 동지와 쇼스타코비치 동지와 마찬가지로 독창성과 실험이라는 이름으로 일탈 행위를 일삼았다는 것을 지적하지 않을 수 없습니다. 하차투리안 동지는 3번 심포니를 통해서 우리 당과 인민에게 도대체 무엇을 전달하고자 했습니까? 광기입니까? 아니면 무질서한 소음입니까? 그런 반혁명적인 음악은 우리 당과 인민에게 필요 없습니다. 더 이상 인민의 귀를 오염시키려 하지 마십시오. 우리 당과 인민의 이름으로 명령합니다. 하차투리안 동지는 일탈 행위를 멈추십시오.

   작곡가 동지들은 음악으로 사회주의 건설에 이바지해야 합니다. 서방세계에서 유입된 조잡한 기법들은 과감하게 쓰레기통에 던져버리십시오. 그리고 형식주의에서 벗어나 현재로 눈을 돌려 사회주의 리얼리즘에 입각한 음악을 우리 당과 인민 앞에 내어놓으십시오. 지금 이 시간부로 개인주의 노선을 걷는 행위와 일탈 행위는 국가에 대한 배반 행위로 간주하겠습니다. 그리고 누구를 막론하고 국가에 대한 배반 행위를 일삼은 사람은 인민의 적으로 간주하겠습니다. 우리 당과 인민의 이름으로 명령합니다. 작곡가 동지들은 모든 인민이 향유할 수 있는 건전한 음악을 우리 당과 인민 앞에 내어놓으십시오.

독트린에 대한 작곡가들의 반응

니콜라이 먀스콥스키
모든 것을 체념한 듯 허공을 바라보며 중얼거린다.

"라흐마니노프가 이곳으로 돌아오지 않아서 정말 다행이야. 만약에 그가 돌아왔다면 나처럼 형식주의자로 분류되어서 온갖 수모를 당했겠지. 오, 신이시여! 그가 이런 상황을 겪지 않고 타국에서 죽게 해주심을 진심으로 감사드립니다."

아람 하차투리안
얼간이의 견해에 완장을 차고 동조했던 흐렌니코프에게 전화를 걸어서 불만을 토로한다.

드미트리 쇼스타코비치

손을 떨면서 이를 딱딱거린다.

세르게이 프로코피예프
피아노 앞에 앉아서 불평을 마구 쏟아 낸다.

"흥! 자기가 뭔데 나한테 이래라저래라 하는 거야? 그리고 정치인이 음악을 알면 얼마나 안다고 말을 그따위로 해! 이건 스탈린이 배후에서 조종하고 있는 것이 틀림없어. 정치하는 인간들은 도무지 예측할 수 없는 인간들이라니까! 소련에 정착하면 일급 작곡가로 대우해주겠다고 해서 돌아왔더니 실컷 이용해놓고 이렇게 푸대접을 해? 내가 형식주의자라고? 그것도 쇼스타코비치와 함께? 나를 그런 애송이와 비교하다니! 난 프로코피예프야! 프로코피예프! 한때 스트라빈스키만큼이나 혁신적인 음악으로 세상의 이목을 끌었던 프로코피예프라고! 이럴 거면 나한테 스탈린상은 왜 준 거야? 인민 예술가 칭호는 왜 준 것이냐고! 빌어먹을 자식들! 모두 지옥에나 떨어져라!"

콩쿠르 심사①

: 세르게이 도렌스키②를 생각하며

　드디어 안드레이 코로베이니코프가 모습을 드러내는군. 8년 전에 우리 심사위원들을 아주 골치 아프게 만들었던 녀석이지. 그때를 생각하면 지금도 머리가 지끈거려. 클라우스 헬뷔히가 나를 쳐다보면서 웃고 있군. 그도 이 순간을 기다렸던 거야. 나도 웃어줘야겠어. 당시에 피아노 부문의 심사위원장을 맡았던 니콜라이 페트로프가 2차 예선에서 쇼스타코비치의 24개의

---

① 저자는 2007년에 개최된 제13회 차이콥스키 국제 콩쿠르 기간에 자신이 연주회장에서 직접 들었던 안드레이 코로베이니코프의 1, 2차 예선 연주에 대한 기억과 2015년에 개최된 제15회 차이콥스키 국제 콩쿠르 기간에 온라인 중계를 통하여 접했던 그의 1차 예선 연주에 대한 기억을 바탕으로 사실관계를 각색하여 이 작품을 썼다.

② 세르게이 도렌스키(1931~2020)는 명교수로 이름을 떨쳤고 세계 각국에서 개최되는 명망 높은 국제 콩쿠르의 단골 심사위원으로 왕성하게 활동했던 러시아 음악계의 거두였다. 특히 그는 1970년대부터 차이콥스키 국제 콩쿠르의 심사위원으로 활동하기 시작하여 이후 40년이 넘는 기간 동안 거의 매회 이 콩쿠르에서 심사를 맡은 전설적인 인물이다. 그의 제자로는 스타니슬라프 부닌, 니콜라이 루간스키, 데니스 마추예프, 바딤 루덴코, 올가 케른 등이 있다.

프렐류드를 끝까지 다 듣지 않고 저 녀석의 연주를 중단시켰던 것이 마치 어제 일처럼 생생하게 기억이 나는군. 저 녀석이 결선에 진출하지 못했을 때 많은 청중과 언론들이 이의를 제기했지. 하지만 지금 생각해도 그때의 심사는 공정했어. 콩쿠르에서는 연주 못지않게 프로그램의 선택도 중요해. 몇 년 전에 우리나라의 한 방송사에서 제작한 차이콥스키 국제 콩쿠르 다큐멘터리에 클라우스 헬뷔히가 출연해서 그때 코로베이니코프가 결선에 진출하지 못했던 결정적인 이유는 프로그램의 선택이었다고 단호하게 말했지. 그것은 그의 개인적인 의견이 아니라 당시에 심사를 맡았던 모든 심사위원의 공통된 의견이었어. 차이콥스키 국제 콩쿠르에 나와서 쇼스타코비치의 24개의 프렐류드를 연주할 생각을 하다니! 미친 인간이 아니면 절대로 할 수 없는 생각이야. 이번에는 어떤 프로그램을 들고 나왔지? 뭔가 불길한 느낌이 드는군. 콩쿠르 팸플릿을 봐야겠어. 저 녀석의 프로필이 어디에 있지? 아, 여기 있군. 2차 예선에서 쇼스타코비치의 피아노 소나타 2번과 프로코피예프의 피아노 소나타 8번을 한꺼번에 연주한다고? 저 녀석 정말 미친 것 아니야? 그건 그렇고 저 녀석도 이제 나이가 적지 않아. 물론 저출산 고령화 현상으로 국제 콩쿠르 우승자들의 연령이 점점 높아지고 있지만 서른 살이 다 되어 가는 참가자에게 우승을 허락하는 것은 심사위원들에게 부담이 되는 것이 사실이야.

연주를 시작하는군. 작품의 난이도와 상관없이 세상에서 가장 어려운 곡은 바로 프로그램의 첫 번째 곡이지. 첫 번째 곡만 무난하게 연주하면 절반의 성공은 보장되어 있어. 그런데 왜 이렇게 음악적 흐름이 산만하지? 성부는 살아있는데 뭔가 자연스럽지가 않아. 그동안에 라 로크 당테롱 페스티벌에서 연주 초청도 받고 음반도 몇 장 낸 것으로 알고 있는데 꼭 연주 경험이 없는 아마추어처럼 어설프게 연주하고 있어. 저 녀석 혹시 떨고 있는 건가? 시작이 좋지 않아. 아무래도 바흐에서 점수를 많이 깎이겠어. 심사위원들이 무엇인가를 열심히 메모하고 있군. 이건 좋은 징조가 아니야. 저 녀석의 점수가 깎이는 소리가 여기저기서 들려오는군. 나는 메모하는 소리만 들어도 알 수 있어. 이런, 벌써 푸가가 끝나버렸어. 응? 저 녀석 왜 저래? 바흐가 끝나자마자 약간의 쉴 틈도 없이 바로 차이콥스키의 〈사계〉로 넘어가잖아? 왜 저렇게 서두르는 거야? 저 녀석은 일단 마음을 조금 가라앉힐 필요가 있어. 그리고 〈사계〉 중에서 왜 하필 2월 〈카니발〉을 선곡했지? 지금과 같은 상황에서는 어울리지 않아. 차라리 6월 〈뱃노래〉나 9월 〈가을의 노래〉를 선곡하는 것이 나을 뻔했어.

음. 양손의 균형이 맞지 않고 피아노 소리가 경직되어 있군. 차이콥스키도 전체적으로 흐름이 산만해. 에튀드 세 곡도 저런 식이면 2차 예선 진출은 어렵겠어. 8년 전에 차이콥스키의 〈둠

카〉를 연주했을 때는 꽤 훌륭했는데 그때와 같은 여유가 지금은 느껴지지 않아. 〈사계〉도 벌써 끝났군. 그럼 위기를 어떻게 극복하는지 한번 구경해볼까?

라흐마니노프 에튀드 역시 뭔가 들뜬 느낌이 들어. 그리고 페달 사용이 조금 과해. 8년 전에는 프로그램이 문제였지 연주 자체는 굉장히 매끄럽고 자연스러웠는데 지금은 완전히 딴판이야. 공연장의 분위기가 어수선하군. 청중들이 음악을 집중해서 듣지 못하고 있어. 이건 연주가 설득력이 없다는 것이야. 클라우스 헬뷔히가 의아하다는 표정을 짓고 있군. 그리고 심사위원들의 표정이 모두 좋지 않아. 점점 2차 예선과 거리가 멀어져 가고 있어. 저 상태로는 쇼팽 에튀드를 연주할 때 오른손의 3도 처리 과정에서 대형 참사가 일어날지도 몰라. 차라리 다른 에튀드를 선곡했으면 좋았을 텐데 하필 Op. 25의 No. 6이라니! 이번에도 프로그램이 저 녀석의 발목을 잡는군. 저 녀석은 차이콥스키 국제 콩쿠르에서 유독 운이 없어. 알렉세이 술타노프는 심사위원들에게는 거부당했어도 청중들에게는 열광적인 반응을 이끌어 냈었는데…. 그가 마지막으로 차이콥스키 국제 콩쿠르에 나왔을 때 연주했던 베토벤의 〈열정〉 소나타 1악장이 귓가에 맴도는군. 정말 강렬한 인상을 받았지. 요즘은 그런 모험을 하는 연주자가 없어. 모두 해석이 똑같아. 벌써 라흐마니노프가 끝났군. 어라? 설마 또?

내가 볼 때 저 녀석은 지금 제정신이 아니야. 바흐에서 차이콥스키로 넘어갔을 때처럼 라흐마니노프 에튀드가 끝나고 바로 쇼팽 에튀드로 넘어갔어. 저 녀석 혹시 보드카를 한잔 걸치고 나온 건가? 뭐가 저렇게 급한 거야? 그런데 의외로 쇼팽은 무난하게 연주하는군. 하지만 특출하다고는 할 수 없어. 아무래도 2차 예선 진출은 어렵겠어. 저 에튀드는 플레트네프가 차이콥스키 국제 콩쿠르에 나왔을 때 정말 기가 막히게 연주했지. 그때가 1978년이었으니까 벌써 40년이 다 되어 가는군. 시간이 정말 많이 흘렀어. 내가 콩쿠르에서 채점했던 젊은이들이 몇십 년이 지난 후 머리가 희끗희끗한 상태로 나타나서 내게 인사를 하면 정말 정신이 어리벙벙해지지. 그런데 오늘 시간이 왜 이렇게 빨리 가는 거야? 벌써 쇼팽 에튀드도 끝나버렸잖아. 어어?

완전히 미쳤군! 저 녀석은 정신감정을 받아야 해. 쇼팽 에튀드가 끝나고 바로 〈라 캄파넬라〉로 넘어갔어. 벌써 몇 번째인 거야? 이미 팔 근육이 경직되어 있을 것이기 때문에 옥타브를 잘 처리한다고 해도 쇳소리가 날 거야. 자기 무덤을 자기가 팠어. 심사위원들이 싫어하는 짓만 골라서 할 거면 이번 콩쿠르에 왜 나온 거야? 리스트도 산만해. 아직 남은 베토벤의 피아노 소나타와는 상관없이 저 녀석은 아웃이야. 심사위원들 모두가 체념한 듯한 표정을 짓고 있군. 베토벤의 마지막 피아노 소나타는 신경 곤두세우지 않고 마음 편하게 감상해도 별로 문제가 되지 않겠어. 베토벤의 피아노 소나타 32번은 2007년에 열린 차이콥스키 국제 콩쿠르에서 유독 많이 연주되었지. 플레트네프가 차이콥스키 국제 콩쿠르에 나와서 이 소나타의 2악장을 연주했을 때가 기억나는군. 내가 지금까지 콩쿠르를 심사하면서 들었던 베토벤의 피아노 소나타 연주 중에서 최고였어. 그러고 보니 확실히 2000년대 이후로는 차이콥스키 국제 콩쿠르 참가자들의 수준이 많이 떨어졌어. 차이콥스키 국제 콩쿠르는 1970년대가 황금기였던 것 같아. 청중들이 박수를 치는군. 드디어 리스트가 끝났어. 뭐야? 인사도 하지 않잖아?

음. 저 녀석의 '장송곡'이 시작되는군. 그래도 일단 숨을 조금 고르고 베토벤을 시작해서 다행이야. 내가 봤을 때 청중들이 박수를 치지 않았으면 리스트에서 베토벤으로 바로 넘어갔을 것이 틀림없어. 베토벤은 제법 균형이 잡혀 있군. 산만하고 들뜬 느낌이 조금 가라앉았어. 내가 음악원에 다닐 때만 해도 베토벤의 후기 피아노 소나타들은 그의 초기 피아노 소나타들과 중기 피아노 소나타들을 충분히 공부한 후에 손을 대었지. 그런데 요즘 젊은이들은 모차르트의 피아노 소나타 몇 곡과 하이든의 피아노 소나타 몇 곡을 공부하고 나면 곧바로 베토벤의 후기 피아노 소나타들을 만지작거려. 그뿐인가? 테크닉이 어느 정도 갖추어졌다 싶으면 뒤도 돌아보지 않고 라흐마니노프의 피아노 협주곡 3번이나 라벨의 〈밤의 가스파르〉에 덤벼들지. 내가 학창 시절에 동경의 눈으로 우러러봤던 높은 산들이 지금은 완전히 어린이 장난감이 되어 버렸어. 이건 좋지 않아. 레퍼토리는 신중하게 하나하나씩 쌓아가야 해. 이제 곧 2악장이 시작되겠군. 어어, 어어?

1악장에서 2악장으로 바로 넘어갔어. 저 녀석은 지금 완전히 정신이 나간 상태야. 마치 마약을 복용한 인간을 보는 것 같군. 혹시 무대에 나오기 전에 스크랴빈의 〈법열의 시〉를 감상했나? 그리고 이 템포는 뭐야? 정말 끔찍하게 느리군. 오, 신이시여! 숨이 막힐 지경이야. 이제야 알 것 같아. 저 녀석은 나와 클라우스 헬뷔히에게 복수를 하려고 이번 콩쿠르에 나온 거야. 8년 전에 자신을 결선에 오르지 못하게 한 것에 대해서 복수를 하러 나온 것이라고! 저 녀석은 애초부터 콩쿠르 성적에는 관심이 없었어. 이 소나타의 2악장을 저렇게 느린 템포로 연주해서 우리를 질식사시키려는 목적으로 이번 콩쿠르에 나온 것이 틀림없어. 빌어먹을 자식!

내가 반세기 가까이 콩쿠르 심사를 해 왔지만 이렇게 극단적인 해석은 처음 접해보는군. 소비에트 시절이었다면 저 녀석은 내부 심사에서 이미 탈락했어. 세상이 정말 많이 좋아졌어. 요즘은 비디오 심사만 통과하면 누구나 자유롭게 국제 콩쿠르에 참가할 수 있으니까 말이야. 소비에트 시절에는 혹독한 내부 심사를 통과해야만 국제 콩쿠르에 참가할 수 있었지. 그리고 엄청난 경쟁률을 뚫고 국제 콩쿠르에 나갈 참가자로 선별되어도 당국의 허가를 받아야만 콩쿠르에 참가할 수 있었어. 그때는 내부 심사를 통과하는 것이 국제 콩쿠르에서 우승하는 것보다 더 어렵다는 말이 나돌았지. 따지고 보면 틀린 말도 아니었어. 일단 내부 심사를 통과해서 국제 콩쿠르에 참가하면 어렵지 않게 우승을 했으니까 말이야. 소비에트 시절이 암울했던 시기였던 것은 사실이지만 음악가들에게는 그때가 호황기였어. 일단 국제 콩쿠르에 나가는 것이 확정되면 학생과 선생이 마음껏 연습에만 집중할 수 있도록 국가에서 별장을 통째로 빌려주기도 했었지. 아직 연주가 끝나려면 한참 멀었군. 어쩌면 오늘 안에 집에 가지 못할 수도 있겠어. 이 악장을 저 녀석보다 느리게 연주하는 연주자는 이 세상에 아마 없을 거야. 아니야. 내가 왜 잊고 있었지? 우고르스키는 저 녀석보다 이 악장을 더 느리게 연주했어. 포고렐리치도 이 악장을 느리게 연주했지만 우고르스키보다는 **빠르게** 연주했지. 저 녀석의 템포는 이 두 피아니스트 사이에 있는 것 같아. 자세히 들어보니까 포고렐리치보다는 **빠르게** 연주하는 것 같군. 우고르스키는 그만의 방식으로 티 없이 순수한 천국의 세계를 명료하게 그려내는 데 성공했지. 정말 훌륭한 해석이었어.

느린 템포를 잘 적용해서 연주하면 음악이 새롭게 변모되는 것을 어렵지 않게 발견할 수 있지. 리흐테르가 슈베르트의 마지막 피아노 소나타를 연주했을 때가 생각나는군. 그는 그 소나타의 1악장을 엄청나게 느린 템포로 연주했지. 하지만 그는 악보를 완전히 통달하고 있었기에 음악을 훼손하지 않으면서도 작품에 대한 자신의 주장을 관철할 수 있었어. 그는 그리그의 서정 소품집 Op. 43의 No. 6 〈봄에게〉 역시 상상을 초월할 만큼 느린 템포로 연주했지. 다른 연주자들이 설정한 템포에 비하면 거의 두 배로 느린 템포였어. 나는 그가 그 작품의 악보에 적혀 있는 '알레그로 아파시오나토'를 보지 못했다고 생각하지 않아. 그는 자신만의 시선으로 그 음악을 바라본 것일 뿐이야. 나는 그가 악보에 충실한 연주를 하기 위해서 온 생애를 다 바쳤다는 것을 알고 있었기에 겸허한 마음으로 그의 해석을 수용할 수 있었지. 난 다양한 해석을 존중할 수 있는 열린 사고의 소유자야. 꽉 막힌 사람이 아니라고! 물론 학생들을 가르칠 때는 악보에서 벗어나는 것을 엄격하게 금하는 편이고 콩쿠르 심사를 할 때 역시 참가자가 악보에 충실한 연주를 하지 않으면 낮은 점수를 줘. 왜냐면 젊은 연주자들은 악보에 대한 몰이해를 개성이라는 허울 좋은 명분을 내세워서 숨기려는 경향이 강하기 때문에 교육자와 심사위원은 이를 바로 잡아줘야 할 의무가 있기 때문이야. 해석은 악보에 통달한 이후에 논할 수 있어. 악보에 대한 철저한 이해가 없는 상태에서 행해지는 모든 시도는 방종이지 해석이 아니야. 방종과 해석, 방종과 개성은 엄연히 구분되어야 해.

드디어 트릴이 등장했군. 저 녀석의 연주도 계속 들으니까 적응이 되는 것 같아. 베토벤의 영혼이 하늘 위로 승천하는 것 같은 느낌이 들어. 이 악장은 정말 아름다운 음악이야. 베토벤은 이 악장을 작곡하면서 신과 함께 대화를 나누며 신으로부터 은총을 받는 과정을 거쳤던 것이 틀림없어. 이 음악은 인간의 두뇌만으로는 창조될 수 없는 음악이야. 에밀 길렐스가 생각나는군. 그가 이 소나타를 녹음하지 못하고 세상을 떠난 것을 생각하면 지금도 안타까운 마음이 들어. 만약에 그가 이 소나타를 녹음했다면 가장 이상적인 해석이 탄생했을 거야. 나는 그가 베토벤의 피아노 소나타 전곡 녹음을 성공적으로 마칠 것이라고 굳게 믿고 있었지. 그때는 나뿐만 아니라 모두가 기대감에 부푼 상태로 그의 손에 의해 완성된 최종 결과물이 하루빨리 세상에 나오기를 애타게 기다리고 있었어. 그런데 신은 너무나 급작스럽게 그를 데려가셨지. 인간의 운명은 정말 얄궂다는 생각이 드는군. 신이 그를 데리고 가시는 바람에 이 소나타에 대한 완벽한 해석은 인류의 영원한 숙제로 남겨지게 되었어. 정말 애석한 일이지. 지구가 멸망하지 않고 인류가 음악과 공존하는 한 작품 해석은 연주자와 음악을 대하는 모든 이들이 함께 고민하고 씨름해야 할 영원한 난제인 것 같아. 드디어 마지막 음이 울리는군. 내가 저 녀석의 작품 해석에 설득당한 건가? 2악장의 연주를 듣는 내내 정말 많은 것을 생각하게 되었어. 박수 소리가 들려오는군. 막간을 이용해서 잠시 머리를 식혀야겠어.

짝 짝 짝 짝
짝 짝 짝 짝
(브라보)
짝 짝 짝 짝
짝 짝 짝 짝
(브라보)
짝 짝 짝 짝
짝 짝 짝 짝

---

* 이 주석란을 통하여 안드레이 코로베이니코프를 비하하고자 하는 의도를 가지고 이 작품을 쓴 것이 아니라는 점을 분명히 밝혀두는 바이다. 저자는 제13회 차이콥스키 국제 콩쿠르에서 그가 무소르그스키의 작품들을 직접 편곡하여 멋들어지게 연주했던 것과 스크랴빈의 피아노 소나타 8번을 아주 훌륭하게 연주했던 것을 지금도 생생하게 기억하고 있을 정도로 콩쿠르 당시 그의 연주를 듣고 깊은 감명을 받았다. 그리고 콩쿠르 성적에 연연하지 않고 꿋꿋하게 자신만의 음악 세계를 구축하여 훌륭한 음악가로 성장한 그를 저자는 아주 높이 평가하고 있다.

2부
Humour

확성기 소리[1]

생선 사이소 생선
꽁치 갈치 멸치 고등어 전부 다 국내산입니다
이 생선들은 내 이름을 걸고 수입산이 아닙니다
생선 사이소 생선
꽁치 갈치 멸치 고등어 전부 다 국내산입니다
만약에 이 생선들이 국내산이 아니면
내 싸대기를 때려주십시오
생선 사이소 생선
꽁치 갈치 멸치 고등어 전부 다 국내산입니다
우리나라에서 제일 싼 가격으로 팝니다
만약에 이 생선들이 국내산이 아니면

---

[1] 이 시는 동네에서 들었던 생선 장수의 발언을 기억나는 대로 최대한 각색 없이 옮긴 것이다.

내 싸대기를 때려 주십시오
나는 언제든지 쳐 맞을 각오가 되어 있습니다

확성기 소리 2①

수박 사이소 수박

몸에도 좋고 맛도 좋은 수박 사이소 수박

더위에도 좋고 정력에도 좋은 수박

수박 사이소 수박

강호동이 얼굴만큼 대따 큰 수박

수박이 강호동이 얼굴만큼 대따 안 크면

수박 반 통 그냥 줍니다

수박 사이소 수박

강호동이 얼굴만큼 대따 큰 수박

수박 사러 나왔는데 수박이

---

① 이 시 역시 동네에서 들었던 수박 장수의 발언을 기억나는 대로 최대한 각색 없이 옮긴 것이다.

강호동이 얼굴만큼 대따 안 크면
고마 수박으로 내 면상을 확 갈기뿌소

감자와 까마귀①

음악원에 재학할 때 나는 알람시계가 없어도 매일 아침 일정한 시간에 일어날 수 있었다. 우리 동네에는 유독 까마귀 떼가 많았는데 매일 아침 두세 마리의 까마귀가 우리 집 창문 근처에 앉아서 큰소리로 '까악까악' 울어대는 바람에 잠을 더 자고 싶어도 잘 수가 없었다. 2007년 가을이었던 것으로 기억된다. 어느 날 피아노 연습을 하고 있는데 누군가 현관문을 거칠게 두드리는 소리가 나서 문을 열어보니 콧수염을 길게 기른 사내가 서 있었다. 나는 '피아노 연습하는 소리 때문에 항의하러 왔나

---

① 저자는 감자 후유증이 너무 심해서 하루 세끼 감자 대장정이 끝난 후 약 이 년간 감자를 입에 대지 못했다. 얼마나 감자 후유증이 심했던지 맥도날드, 치킨 가게, 스테이크 가게에 가서도 감자튀김은 먹지 않았을 정도였다. 저자의 감자에 대한 트라우마는 무의식 깊숙이에까지 남아 있었기 때문에 〈감자 심포니〉(2009)라는 영화가 있다는 것을 처음으로 알게 되었을 때 영화 제목이 주는 위압감으로 인하여 일시적인 두통을 느꼈고 몇 년이 지난 후에야 그 영화를 시청할 수 있었다.

보다' 하고 생각하고 있었는데 그 사내가 뜻밖의 말을 불쑥 꺼냈다.

"탐보프에서 직접 재배한 감자 팝니다."

"감자요? 지금 당장은 필요 없는데요."

"아주 싼 가격에 팔고 있으니까 잘 생각해보세요."

"가격은 얼마나 하죠?"

"40킬로그램에 500루블입니다!"

"뭐라고요? 40킬로그램에 500루블이라고요?"

"네. 지금 사시는 게 가장 좋은 선택을 하시는 겁니다. 참고로 우리는 내년에 모스크바에 다시 옵니다."

"40킬로그램은 너무 많은데 조금 적은 양으로는 팔지 않나요?"

"이미 그물망 안에 담겨 있어서 그것은 곤란합니다."

"감자를 한번 볼 수 있나요?"

"네. 물론이죠. 1층으로 내려오세요."

잠시 옷을 갈아입고 지갑을 챙겨서 1층으로 내려갔는데 커다란 운송 차량이 먼저 눈에 들어왔다. 그 사내가 낑낑거리며 붉은 색상의 커다란 그물망 안에 가득 쌓여 있는 감자 뭉치를 차량에서 내려놓았는데 순간적으로 눈을 의심하지 않을 수 없었다. 우리나라 돈으로 2만 원도 채 되지 않는 가격으로 감자 40킬로그램을 살 수 있는 것이 놀랍게 느껴졌다. 감자의 양을 보니 '저 정도면 두 달도 넘게 먹을 수 있겠다' 하는 생각이

들었다. 순간적으로 머리 속에서 계산기가 두드려졌다. '두 달 동안 감자로만 식단을 짜면 생활비에서 남을 돈으로 음반, 악보, 책을 마음껏 살 수 있겠다' 하는 생각이 번쩍 들어서 일말의 망설임도 없이 바로 감자를 샀다.

나의 하루 세끼 감자 대장정은 바로 그렇게 시작되었다. 감자를 샀던 날 나는 감자 대축제를 벌였고 삶은 감자와 볶음 감자를 먹으면서 내가 살 음반 리스트, 악보 리스트, 책 리스트를 열심히 작성했다. 다음날 나는 두 달 동안 사용할 생활비를 한꺼번에 인출 했고 교통비와 물값, 담뱃값을 제외한 나머지 돈으로 전날 리스트에 이름을 올렸던 것들을 모조리 사버렸다. 하루 세끼 감자 대장정을 시작한 지 첫째 주가 지났을 때는 조금 힘들기는 했지만 내가 샀던 음반들, 악보들, 책들을 바라보면 그럭저럭 견딜만했다. 그런데 둘째 주가 지났을 때부터 문제가 생기기 시작했다. 내 두 눈 아래에 있는 다크서클을 보면서 나는 다니엘서의 진위를 의심하게 되었고 다니엘을 담당했던 관리가 삐쩍 마른 판다 같은 나를 왕에게 데려갔다면 데려간 당일 처형을 당했을 것이라고 혼잣말을 하기 시작했다. 셋째 주가 지났을 때 나는 성악 반주를 담당하셨던 분에게 전화를 걸었다.

"안녕하세요. 성은입니다. 어떻게 지내고 계세요?"
"나는 잘 지내고 있어. 너는?"
"저는 지금 죽어가고 있습니다. 이번 주는 수업에 참석하지 못할 것 같아요."

"뭐라고? 그런데 목소리가 왜 그래? 어디 아파?"

"다시 한번 말씀드리지만 저는 죽어가고 있습니다. 다음 주에는 수업에 꼭 참석하도록 하겠습니다."

"그래. 알았어. 아플 때는 잘 먹고 잘 자야 해."

"감사합니다. 그럼 다음 주에 뵙도록 하겠습니다. 안녕히 계세요."

"그래. 다음 주에 보자."

나는 수화기를 내려놓으면서 '내가 못 먹어서 이렇게 죽어가고 있어!' 하고 투덜거렸다.

넷째 주가 지났을 때는 거의 매일 악몽을 꾸기 시작했다. 하루는 꿈속에서 화산폭발이 크게 일어났는데 하늘 위로 용암 대신 펄펄 끓는 감자 죽이 솟구쳐오르는 것을 보고 비명을 지르며 일어났었다. 가장 기억에 남는 꿈은 꿈속에서 내가 프랑크 소시지였는데 어떤 커다란 손이 감자 죽이 펄펄 끓고 있는 냄비 안으로 나를 밀어 넣는 꿈이었다. 물론 그날도 비명을 지르면서 일어났었다. 다섯째 주가 지났을 때 나는 죽어가는 나를 위해 '레퀴엠'을 쓰기 시작했고 악보 위에 〈감자 레퀴엠〉이라는 제목을 남겨놓았다. '진노의 날'의 가사는 대략 이러했다.

> 위에도 감자 밑에도 감자
> 앞에도 감자 뒤에도 감자

왼쪽에도 감자 오른쪽에도 감자
지옥이 있다면 그곳은 감자로 이루어진 세계이리라
이 세상의 모든 악인에게는 피할 수 없는 저주가 임할 것이니
살아생전에는 감자만 먹다가 죽을 것이고
죽은 후에는 감자로 이루어진 지옥에 들어가
영원토록 펄펄 끓는 감자 죽 속에서 고통받을 것이로다
아멘
예수 천국 감자 지옥
진노의 날 모든 악인은 펄펄 끓는 감자 죽 속에서
고통받을 것이로되 그 누구도 건져줄 자가 없을 것이니
그날에는 세상의 모든 악인 중에서
울부짖지 않는 자가 없을 것이로다
아멘
예수 천국 감자 지옥

여섯째 주가 지난 어느 날 여느 때와 같이 까마귀가 우는 소리에 잠을 깼는데 우리 집 창문 근처에 앉아서 큰소리로 '까악까악' 우는 까마귀들을 침대에 누워서 바라보던 그 순간 나는 내 안에 잠들고 있던 야성을 발견했다. 야성에 눈을 뜬 나의 머리 속으로 까마귀 고기는 어떤 맛일까? 닭고기 맛과 비슷하겠지? 창문을 열어서 유인해볼까? 등등 온갖 끔찍한 생각들이 스쳐 지나갔다. 하지만 생선도 징그러워서 손으로 잡지 못하

는 내가 까마귀를 죽인다는 것은 불가능한 일이었으며 내 손으로 죽은 까마귀를 칼질해서 요리하는 것은 더욱 불가능한 일이었다.

러시아의 오래된 아파트는 가을이 되면 자체적으로 난방시스템이 가동되기 때문에 별도의 난방기구가 없어도 겨울을 따뜻하게 보낼 수 있다. 나는 그 많은 감자를 냉장고에 넣을 엄두가 나지 않아서 부엌에 있는 아파트 자체 열기구 옆에 보관했다. 그 때문인지는 몰라도 감자를 산 지 한 달이 지났을 무렵부터 여기저기 조금씩 보이던 감자 싹은 엄청난 속도로 자라나기 시작하더니 급기야는 붉은 색상의 커다란 그물망을 온통 초록색으로 뒤덮을 지경에 이르렀다. 하루 세끼 감자 대장정을 시작한 지 일곱째 주가 지났을 때는 감자 색이 심하게 변했기 때문에 껍질을 까기 전에 싹을 제거하는 일을 포기하고 물값과 담뱃값을 최대한으로 아껴서 빵을 사 먹기 시작했다. 그래도 배가 고팠던 나는 매일 영화 〈남부군〉에서 한 빨치산이 얼어 죽은 사람의 손안에 있던 얼어붙은 밥을 허겁지겁 먹는 장면을 생각하며 '난 그래도 먹을 빵이 있어!' 하고 스스로 위로하며 지냈다.

감자를 산 지 두 달이 지났을 무렵 집주인 아저씨가 월세를 받기 위해 집을 방문하셨다. 아저씨는 놀라울 정도로 작곡가 이고르 스트라빈스키와 비슷한 외모를 가지고 계셨는데 성은

달랐어도 그분의 이름 역시 이고르였다. 마음이 굉장히 여리셨던 아저씨는 월세를 올려야 하는 상황이 오면 차마 맨정신으로는 말을 꺼내기 힘드셨는지 항상 보드카를 한두 잔 걸치신 후 얼굴이 벌겋게 상기된 상태로 큰 비닐봉지 안에 우즈베키스탄식 볶음밥인 쁠롭이나 과자, 음료수 등을 담아서 오시는 경우가 많았다. 그날도 아저씨는 술 냄새를 풍기면서 먼저 무엇인가 가득 담긴 큰 비닐봉지를 내게 건네시고는 다음 달부터는 아무래도 월세를 올려야 할 것 같다고 말씀하셨다. 당시 나는 월세를 아주 비정상적으로 싸게 내고 있었고 월세를 올릴 시기가 되었기에 별말 없이 수긍했다. 내가 알았다고 말하자 아저씨는 재빨리 화제를 바꾸어 큰 비닐봉지 안에 들어 있던 커다란 통을 꺼내서 뚜껑을 열어 내게 건네셨는데 통 안에 든 내용물을 보자마자 나는 순간적으로 너무 놀란 나머지 하마터면 뒤로 자빠질 뻔했다. 왜냐면 통 안에 가득 담긴 것은 다름 아닌 감자 샐러드였기 때문이다. 아무리 배가 고픈 상태였지만 나는 감자 후유증에서 벗어나지 못한 상태였기 때문에 주인아주머니께서 손수 만들어 보내셨던 그 감자 샐러드는 먹지 못하고 냉장고에 보관만 하다가 결국 버리고 말았다. 집주인 아저씨가 다녀가신 다음 날 나는 어머니께 전화를 걸어서 월세가 올랐다는 소식을 전해 드린 후 감자 40킬로그램을 샀던 일과 두 달 동안 사용할 생활비를 한꺼번에 인출해서 교통비와 물값을 제외한 나머지 돈을 어떻게 썼는지 솔직하게 털어놓았다. 하지만 담뱃값 이야기는 아버지께서 통화내용을 옆에서 듣고 계시는 경우가 많았기 때문에 입에도 올리지 않았다. 어머니는 내 말을 조용히 들으시더니 당장 돈을 인출해서 먹을 것부터 사고 남은 감자는 빨리 버리라고 말씀하셨다. 통화를 끝낸 후 나는 외출준비를 하고 붉은 색상의 커다란 그물망 안에 담겨 있던 감자 뭉치를 까마귀들이 득실거렸던 쓰레기 수거장에 있던 커다란 초록색 쓰레기통 옆에 버렸다. 그리고 지하철역 근처에 있던 현금 인출기에서 돈을 찾은 후 먹을 것을 잔뜩 사서 집으로 돌아왔고 그날 나는 정말 오랜만에 인간다운 식사를 했다. 그렇게 나의 하루 세끼 감자 대장정은 막을 내리게 되었다.

그 이후로는 아주 정상적인 생활을 했음에도 매일매일 마음 한구석이 허전했는데 아무리 생각해도 그 이유를 알 수가 없었다. 그러던 어느 날 늦잠을 자고 일어나서 물을 한 모금 마시고 담배를 피우는데 내 마음을 그토록 허전하게 만든 것이 무엇이었는지 확실하게 알게 되었다. 매일 아침 우리 집 창문 근처에 앉아서 큰소리로 '까악까악' 울어대던 까마귀들이 언젠가부터 갑작스럽게 자취를 감추었다는 것을 알아챈 나는 혹시나 해서 쓰레기 수거장으로 나가봤다. 까마귀들의 집단 서식지였던 그곳도 상황은 마찬가지였다. 득실거렸던 까마귀 떼는 온데간데없고 단지 네다섯 마리의 까마귀들이 쓰레기통 주위를 서성거리고 있었다. 그 이후 나의 잠을 깨워주던 까마귀들은 두 번

다시 볼 수 없었다. 시간이 지나자 까마귀 떼는 여기저기서 다시 눈에 띄기 시작했다. 하지만 예전처럼 그렇게 득실거리지는 않았다. 나의 유학 생활이 끝날 때까지도 말이다.

매일 아침 우리 집 창문 근처에 앉아서
큰소리로 '까악까악' 울던 까마귀들아
너희들은 도대체 어디로 사라졌던 것이니
우리 동네에 그토록 득실거렸던 까마귀들아
떼 지어 다니던 너희들은 갑자기 어디로 사라졌던 것이니
무엇이 그토록 급작스럽게 너희들을
사라지도록 만들었던 것이니
설마 내가 버린 싹이 난 감자를 먹고
집단 폐사를 해버린 것은 아니겠지
배고픈 인간은 미친 인간보다 더 잔혹해지는 법
한때나마 너희들을 고깃덩어리로 본 나 자신이 부끄럽고
너희들에게 미안한 마음을 감출 수가 없구나
혹시라도 내가 버린 싹이 난 감자를 먹고
죽은 것이라면 미안해 정말 미안해
미안하다 사랑한다

듀엣

: KDH의 기도

한 어린 양이 목자인 KDH에게 다가가서 말한다

목사님 제가 기도를 쫌 부탁드리야 되겠는데예
아이고 권사님 잘 지내셨습니까 무슨 기도를 해드릴까요
제가예 똥궁디①가 근지러버서 미치겠심더
(하아 침착하자 웃으면 큰일 난다 지금은 무조건 참아야 한다)
아 예 권사님 다른 것은 기도해드릴 것이 없습니까
똥궁디 근지러븐거만 어떻게 쫌 해주이소
(미치겠네 어떻게 하면 좋지 안 되겠다
일단 기도부터 시작하자)

---

① 똥궁디는 엉덩이를 뜻하는 경상도 사투리이다. 참고로 이 시는 실화를 바탕으로 재구성한 작품임을 밝혀둔다.

권사님 우리 같이 기도드리도록 하겠습니다
아이고 목사님 고맙심더
주님 우리 권사님께서 똥궁디가 간지럽다고 하십니다
(야 임마 너 지금 도대체 무슨 말을 하고 있는 거야)
주님 주님 아아 주님 아버지 음
(이 상황을 어떻게 수습해야 하지
그런데 왜 이렇게 웃음이 터져 나오려고 하는 거야)
주님께서는 말하지 않아도
우리의 모든 어려움을 다 알고 계십니다
(주님 이 환난에서 저를 건져 주십시오
성령께서 제 마음을 역사하시도록 도와주소서)
주님 주님께서 그 크고 전능하신 손을 하늘 높이 드시사
(주님 성령께서 제 마음을 역사하시도록
도와주심을 감사드립니다)
음 음
(나는 누구인가)
우리 권사님 똥궁디 음
(나는 어디에서 왔고 어디로 가고 있는 것인가)
위에서 아래로 시원하게 한 번 긁어주십시오
(하아 내 목회 인생은 오늘로 끝이다 나는 이제 끝났다)
주 예수 그리스도의 이름으로 기도드렸습니다 아멘
(어머니 죄송합니다 여보 내가 정말 미안해)

잠시 침묵이 흐른 후 어린양이
눈을 감고 고개를 떨군 채 말없이 서 있는
목자에게 말을 건넨다

아이고 목사님요 고맙심더 기도를 해주시니까
똥궁디가 다 낫은 것 같은데예
아이고 권사님 제 부족한 기도를 참고 들어주셔서 감사합니다
(주님 제게 회생의 기회를 주심을 감사드립니다)

실눈을 뜨고 있던 목자가 두 눈을 깜빡거리니까
그의 양 볼 아래로 은혜의 샘물이 넘쳐흐른다
주르륵

본의 아니게 음담패설

: ET를 생각하며

   ET! 그의 이름이 나의 머리 속에 떠오르면 어김없이 그 순간들이 기억나서 나도 모르는 사이에 양쪽 입꼬리가 살짝 올라가게 된다. 낯선 땅에서 함께 유학 생활을 했던 그 시기에 우리는 참 별것 아닌 것에도 웃음을 터트렸고 터진 웃음을 참지 못해서 애를 먹었다. 특히 음악 이론 시간에 ET는 6도에 관한 질문을 받으면 대답을 하지 못하고 '으흐흐' 웃는 바람에 나를 난처하게 만들었다. ET가 대답을 하지 못하고 웃을 때마다 선생님은 ET가 6도를 이해하지 못해서 웃는다고 생각하셔서 수업이 끝날 때까지 ET에게 6도에 관한 질문만 집요하게 하시는 상황이 자주 연출되었다. 그 때문에 우리의 음악 이론을 담당하셨던 선생님이 ET에게 질문하시는 순간이 오면 나는 마음속으로 '제발 ET에게 6도만 물어보지 말아 주세요!' 하고 간절히 기도를 했다. ET는 한번 웃음이 터지면 그칠 줄을 몰랐기 때문에 그와 음악 이론 수업을 함께 듣는 것은 정말 엄청난 고역이었다. 예를 들면 이랬다.

선생님이 피아노 앞에 앉아서 오른손의 엄지손가락과 새끼손가락으로 도 음과 라 음을 누른 후 ET를 보면서 질문을 한다.
"ET! 이게 뭐야?"
'으ㅎㅎ'
"형. 웃지 말고 그냥 대답하세요."
"그거를 민망해서 어떻게 대답을 하노?"
'으ㅎㅎ'
"ET! 웃지 말고 대답해봐! 이게 뭐야?"
'으ㅎㅎ'
"성은! 이게 뭐야?"
"아놔…."

쎅쓰따[①]입니다
쎅쓰따입니다
쎅쓰따입니다
쎅쓰따입니다
쎅쓰따입니다
쎅쓰따입니다

---

① 쎅쓰따는 러시아어로 6도를 뜻한다.

더 황당한 일도 있었다. ET와 함께 학교 근처의 구멍가게에 간식거리를 사러 갔던 적이 있었는데 주인아주머니에게 그가 무엇인가를 말하려다 갑자기 멈칫거리더니 웃음을 터트리고는 그칠 줄을 몰랐다.
"형. 왜 그래요?"
"성은아. 내가 돈을 줄 테니까 니가 좀 사주라."
'으 흐 흐'
"뭐를요?"
'으 흐 흐'
"웃지만 말고 말을 해주세요. 그래야 내가 사지요."
"라이터 좀 사주라. 아줌마한테 도저히 말을 못 꺼내겠다."
'으 흐 흐'
"아놔…."

자지갈까[2] 한 개 주세요
자지갈까 한 개 주세요
자지갈까 한 개 주세요
자지갈까 한 개 주세요
자지갈까 한 개 주세요
자지갈까 한 개 주세요

---

[2] 자지갈까는 러시아어로 라이터를 뜻한다.

추억

"성은아. 조금 출출한데 우리 라면 좀 끓여서 먹을까?"
"어떤 라면 드실래요? 사리곰탕 끓여드릴까요?"
"니 비빔면 끓일 줄 알제?
모르면 봉지 뒤에 적혀 있는 것 보면서 만들면 된다."
"네."

그리고 5분 후 어깨를 으쓱거리며
정성껏 만든 비빔면을
조심스레 아버지께 건네드렸던 나

"아빠. 나는 입맛이 없어서 그러는데 그냥 아빠 혼자 드세요."
"그래 수고했다.
가만 보자. 이게 뭐고?

아이고 야…. 비빔면 끓여오라고 했드만 진짜 끓여서 왔네.
이거 못 먹는다. 버리라.
봉지 뒤에 적힌 그대로 만들면 되는데. 쯧쯧….
니는 가만히 보면
조금 편하게 살려고 바보인 척을 하는 것 같기도 하고
진짜 조금 모자란 것 같기도 하고
내가 도통 감을 못 잡겠다."
"아빠. 그래도 조금 전에 만들면서 먹어 봤는데
간도 되어 있고 영 못 먹을 정도는 아니던데요?"
"니나 무라! 이거를 어떻게 먹노?"

그 일이 있고 나서 일주일이 지난 후
어머니께서 외출 준비를 하시며 말씀하셨지

"목사님. 오늘 저녁은 저기 비빔면도 있으니까
성은이 하고 알아서 잘 챙겨 드세요."
"그냥 중국집에 전화해서 짜장면이나 시켜 먹을 테니까
우리 걱정은 하지 말고 잘 다녀와요.
저놈은 장가나 갈 수 있겠나 모르겠다.
누가 데리고 살면 가가 열녀다 열녀. 아이고 야….".

내가 힘들 때마다

내면으로 소환하여 듣는 아버지의 그 한탄 소리
삶의 애환이 가득 담긴 그 소리를 들을 때마다
나는 이 거친 세상과
당당히 맞서 싸울 수 있는 힘이
온몸에 여기저기 퍼져나가는 것을 느끼지
아버지의 장례식을 치를 때
죄책감에 몸 둘 바를 몰라 괴로워했던
나를 지탱시켜 주었던 그 소리
지금 나는 그 소리를 곱씹으며 들으면서 살짝 미소 짓는다

흑역사

학원의 칠판에 한글로 적혀 있는 문장 하나를
한 아이가 열심히 외우고 있다
초록색 칠판에 하얀 분필로 꾹꾹 눌러쓴 문장
'디스 이즈 미스터 스미스'
이 문장을 외우기 전에는 집에 보내지 않을 것이라는
선생님의 엄포에 아이는 사력을 다해
문장을 반복하여 말해보면서 열심히 외우고 있다

"성은이 이리 나와 봐!"
"네."
"다 외웠나?"
"네."
"니가 외운 것을 자연스럽게 말해봐."

긴장하지 말고 최대한 자연스럽게 말해봐."
"네."
'디스 이즈 미스터 스미스'
"아주 잘했어. 다시 한번 말해봐."
"네."
'디스 이즈 미스터 스미스'
"오케이. 합격!
자식이 잘하면서 선생님 힘들게 하고 말이야.
그래, 이게 무슨 뜻이야?"
"그건 선생님께서 가르쳐주시지 않았는데요?"
"야 이 새끼야! 이걸 꼭 가르쳐줘야 알아?"
아이는 서러움에 북받쳐 투덜대며 중얼거린다
학교에서는 학원에서 배워오라고 하고
학원에서는 학교에서 배워오라고 하고

그로부터 약 한 달 후 아이는 풀이 죽은 모습으로
공손하면서도 조심스럽게 양손으로 어머니께 성적표를 내민다
아이에게 건네받은 성적표를 휘둥그런 눈으로
유심히 보시며 손을 부들부들 떠시는 어머니
한참의 정적 후 성적표를 접으시면서 어머니는
분노에 찬 목소리로 아이의 마음에 비수를 꽂는다
"아니 성적을 올리라고 아를 학원에 보내 놨드만
아를 더 바보로 만들어 놨노!"

언어의 변형

: YS를 생각하며

"각하. 앞으로는 제발 발음에 주의를 해주십시오."
"내가 뭐?"
"아니 강간 도시가 뭡니까? 강간 도시가!"
"강간(관광) 도시를 강간(관광) 도시라 하지
그라면 뭐라고 하노?"
"참 답답하십니다. 지금도 강간 도시라 하시지 않으셨습니까?"
"강간(관광)이라 안카나? 강간(관광)!"
"또 그러십니다!"
"니 낮술 처묵나? 와 사람 말길을 못 알아 듣노?"
"지난번에는 의사를 어사라고 하시는 바람에
통역관이 애를 먹었습니다."
"내가 언제 어사(의사)를 어사라 했노?"
"지금도 어사라 하셨습니다."

"머라하노! 니는 어사(의사)하고 어사가 구분이 않되나?"
"각하. 의사 해보십시오."
"어사(의사)."
"그러면 어사라고 해보십시오."
"어사."
"다 똑같이 들립니다. 각하."
"시끄럽다. 고마 니는 귀나 파라.
정무수석 니는 뭐가 그래 좋아서 실실 쪼개고 있노?"
"아무것도 아닙니다. 죄송합니다."
"엄마야. 내가 요즘 깜빡깜빡한데이….
점마 저거 무슨 장관이었지?"
"외무부 장관입니다. 각하."
"아 맞다. 임마! 니! 어디 쳐다보고 있노? 마! 니! 그래! 니!"
"예. 각하."
"니는 애무(외무)나 잘해!"

선거

: 2022년 제20대 대통령 선거를 앞두고

내가 어렸을 적에 아버지께서는 선거철마다
후보들의 벽보가 길게 늘어서 있는 것을 보시면서
혀를 차시며 '참 찍을 인물이 없다' 하시고는 한숨을 쉬셨지
그런 순간마다 나는 '저렇게 사람들이 많은데
왜 찍을 사람이 없을까' 하고 어리둥절했었다
시간이 흐르면서 나는 아버지의 한숨에 담겨 있던
의미를 조금씩 이해하기 시작했었는데 대선을 앞둔 지금
그 의미를 되새겨보니 뼈저리게 아픈 무엇인가를 느낀다

지금까지 이런 선거는 없었다
카레 맛 나는 똥 VS 똥 맛 나는 카레

단군 이래 최고의 지도자감이라며 카레 맛 나는 똥을

찍어야 한다며 역설하는 사람의 환영이 눈에 어른거린다
나는 그 환영에게 말한다
"솔직하게 말해봐. 당신 똥 먹어 봤지?
똥 맛을 아니까 카레 맛을 선택하는 것이잖아.
어떻게 그렇게 단호하게 말할 수 있어?
당신 똥 먹어봤지? 똥 먹어 봤잖아!
정신병원에 신고하지 않을 테니까 사실대로 말해."
카레 맛 나는 똥을 찍어야 한다고 역설하던
환영이 당황해하며 점점 내게서 멀어져 간다

카레 맛 나는 똥을 열렬하게 옹호했던 환영을 추궁하기
시작할 때 저 멀리서부터 보이기 시작했던 또 다른 환영이
서서히 내게 다가오면서 조심스럽게 말을 건네온다
"아무래도 이번에는 똥 맛 나는 카레를 찍는 것이
좋을 것 같군요. 그렇게 생각하지 않습니까?"
"뭐라고! 당신 미쳤어? 왜 똥 맛을 찾고 지랄이야!
당신도 아주 수상해. 합리적인 의심을 떨칠 수가 없어.
솔직하게 말해봐. 당신 똥 먹어 봤지? 똥 먹어 봤잖아!
사실대로 말해. 아니면 당신 혹시 똥 페티쉬 가지고 있어?
어라? 뭔가 이상한 냄새가 나는 것 같은데?
숨 쉬어봐. 더 크게 숨 쉬어 보라고.
어? 아 해봐. 아 해보라고.

아 씨발 똥 냄새! 이 새끼 이거 완전히 미친놈이잖아!
어디서 건방지게 공공연히 입안에 똥을 넣고 다니고 있어?
당신은 내가 풍기 문란죄로 경찰에 고소할 거야!
왜 도망가려고 해? 이리와. 이리오라고."
점점 내게서 멀어져가기 시작하여
급기야 시야에서 사라져버린 환영

후보들이나 후보들의 지지자들이나
그야말로 나쁜 놈들과 이상한 놈들의 전성시대
누가 되든 지옥이다

아메리카노 유사품 제조 방식

1. 커다란 무색 페트병 안에 물을 네 컵 정도 붓는다.

2. 농축액 제작을 위한 담배꽁초의 적정량이 채워질 때까지 피우고 남은 담배꽁초는 쓰레기통이 아니라 페트병 안에 넣는다. (농축액 제작을 위한 담배꽁초의 적정량은 여섯 개비에서 아홉 개비이다. 그 이상을 넘어가면 추후 건더기 처리 과정에서 문제가 생길 수 있다.)

3. 적정량의 담배꽁초가 페트병 안에 채워지면 곧바로 숙성시킨다.
(숙성기간은 마지막 담배꽁초를 넣은 시점을 기준으로 하여 하루에서 이틀을 잡는 것이 가장 좋다.)

4. 숙성기간이 끝나면 반드시 뚜껑이 확실히 닫혀 있는지 확인을 한 후 약 10초간 있는 힘을 다하여 위아래로 무색 페트병을 흔든다.

5. 물을 한 컵에서 두 컵 정도 준비한다.

6. 무색 페트병의 뚜껑을 열고 미리 준비한 물을 붓는다. 물이 흐르는 방향은 되도록 페트병 안에 덕지덕지 붙어 있는 불순물을 향하게 하는 것이 좋다.
(각도조절에 어려움을 겪는 경우 물을 부을 때 페트병을 쥐고 있는 손을 이리저리 가볍게 살짝 흔들어주면 더욱 원활하게 유사품 제조가 진행될 수 있다.)

7. 무색 페트병 안에 들어 있는 농축액과 불순물이 위아래로 완전히 분리될 때까지 기다린다.
(농축액과 불순물이 완전히 분리되는 데에 걸리는 소요시간은 약 5분 정도이다.)

8. 표면이 깨진 무색 유리컵이나 버려도 되는 무색 유리컵을 준비한다.

9. 무색 페트병 안에 담긴 농축액을 심혈을 다하여 최대한 조심

스럽게 무색 유리컵에 붓는다.

(이 과정에서도 페트병을 쥐고 있는 손을 이리저리 가볍게 살짝 흔들어주면 불순물을 최대한 거르면서 농축액을 유리컵에 담을 수 있다.)

유리컵에 담긴 농축액의 처리방식은
개개인의 판단에 맡기겠습니다

발언권을 행사하며

 발언권을 행사하기에 앞서 지금도 깨끗한 사회를 만들기 위하여 묵묵히 땀 흘리고 계신 모든 청소 노동자들에게 깊은 사과의 말씀을 드리고 싶습니다. 제가 어떤 말씀을 드려도 이미 상할 대로 상한 마음을 위로할 수 없다는 것을 생각하면 마음이 미어집니다. 하지만 저는 사회의 혼란을 야기하기 위한 목적으로 유사품 제조 방식을 유포한 것이 아닙니다. 저의 행동에 충분히 오해의 소지가 있었다는 것을 알고 있습니다만 저에게도 소명의 기회를 주셨으면 좋겠습니다. 일단 제가 처음 유사품을 제조했던 2000년대 초반의 러시아에서는 분리수거의 개념이 없었습니다. 다른 지역의 아파트에서는 어땠는지 모르겠으나 당시 제가 월세로 혼자 살던 모스크바 외곽의 아파트에서는 별도의 분리수거함이 없었고 모든 쓰레기는 커다란 초록색 쓰레기통에 일괄적으로 버리게 되어 있었습니다.

예를 들어보겠습니다. 월요일에 누군가 번호판을 없앤 채로 자동차를 쓰레기 수거장 앞에 버렸다고 칩시다. 화요일에 나가보면 자동차는 완전히 박살이 나 있고 수요일에 나가보면 쓰레기통에 들어갈 수 있을 정도로 자동차가 찌그러져 있습니다. 그리고 목요일에 나가보면 자동차는 이미 어디론가 증발한 상태입니다. 쉽게 예를 든 것이지만 이것은 실제 있었던 일입니다. 또 다른 예를 들어보겠습니다. 누군가 업라이트 피아노를 쓰레기 수거장 앞에 버렸던 적이 있었습니다. 당연히 저는 버리지 않았습니다. 다음날 가보니 피아노는 이미 두 동강이 난 상태였고 사람들이 필요에 따라 목재로 된 부분과 철재로 된 부분을 분해해서 집으로 가져가고 있더군요. 그리고 바로 그날 업라이트 피아노는 쓰레기 수거장에서 자취를 감추었습니다. 믿기지 않겠지만 방금 말씀드린 것도 실화입니다. 러시아를 비하하고자 하는 마음은 추호도 없습니다. 다만 제가 아주 특수한 시기에 특별한 환경 속에서 살았다는 것을 알아주셨으면 좋겠다는 마음에서 예를 든 것일 뿐입니다. 러시아 사람들은 자국에서 일어난 황당한 사건을 뉴스를 통하여 접하게 될 때마다 '이게 바로 러시아야!' 하고 말을 합니다. 러시아의 저명한 피아니스트였던 니콜라이 페트로프는 자신의 조국에 대해서 이렇게 말했습니다. "이 나라에서 불가능한 것은 없다. 이 나라에서는 무슨 일이든 일어날 수 있다."

그러면 본론으로 들어가도록 하겠습니다. 세상과 단절되어 있다는 외로움은 고독감을 낳게 되고 고독감은 광기를 낳게 됩니다. 광기가 그리 좋은 것은 아니지만 긍정적으로 작용할 경우 아주 새로운 발상의 전환을 이루게 하는 원천이 되기도 합니다. 창의적인 예술의 뿌리는 대부분 광기에 있습니다. 광기가 머리 속으로 들어오면 인간은 무엇이든 할 수 있습니다. 그래서 저는 눈물 젖은 빵을 제조해보기도 했고 이후에는 현재 논란이 되고 있는 유사품을 제조하기에 이르렀습니다. 도대체 무슨 생각으로 유사품을 제조했는지 궁금해하시는 분들이 많이 계신다는 것을 알고 있습니다. 궁금점을 해소해드리기 위해서는 먼저 제가 커피를 즐기는 사람이 아니라는 것을 말씀드릴 필요가 있을 것 같습니다. 유사품을 제조했던 그때나 지금이나 저는 커피에 돈을 쓰는 것은 낭비이고 사치라는 신념을 가지고 있습니다. 제가 현재 거주하고 있는 이 작은 동네에는 커피를 파는 곳이 다섯 군데나 있는데 특히 점심시간 때가 되면 여기저기 할 것 없이 사람들이 줄을 서 있습니다. 물론 사람에 따라서 취향과 기호의 차이가 있다는 것을 짚고 넘어가지 않을 수 없습니다. 하지만 저는 매일 커피값으로 이천 원을 쓸 바에야 차라리 커피를 끊고 매주 시집을 한 권씩 사겠습니다. 왜 사람들은 시 한 구절보다 커피 한 모금을 통하여 내적인 갈증을 해소하려고 하는 것일까요? 도대체 무엇 때문에 사람들은 시 한 구절보다 커피 한 모금을 더 갈망하게 되었을까요? 우리가 살아가는 이 시대가 커피 한 모금보다 시 한 구절이 더 절실해지는 시대가 되었으면 좋겠습니다. 사실 저는 학창 시절에도 커피에 돈을 쓰는 것에는 극도의 거부감을 가지고 있었습니다. 저는 수업이 끝나자마자 여지없이 카페로 가서 커피를 마시는 사람들을 볼 때마다 '나 같으면 차라리 그 돈으로 음반을 사겠다!' 하고 생각을 했습니다. 사실 카페에 가서 커피를 한 잔 마시면 케이크도 한 조각 사 먹게 되지 않습니까? 그 당시에 커피 한 잔에 케이크 한 조각을 시키면 적어도 200루블은 내야 했는데 150루블 정도면 러시아의 멜로디야 레이블에서 발매된 음반을 한 장 살 수 있었습니다. 실제로 저는 학창 시절 동안 커피를 마시는 데에 들어가는 돈으로 음반을 샀는데 그때를 돌이켜보니 감회가 새로워지는 것을 느낍니다.

이제 유사품 제조의 경위를 말씀드려야 할 시점이 온 것 같습니다. 제가 살던 집에는 정수기가 없었기 때문에 유학 생활을 마칠 때까지 저는 생수를 사서 마셨습니다. 보통 생수는 무색으로 된 커다란 페트병 안에 담겨 있었는데 담배를 피우던 당시에는 생수를 다 마신 후 텅 빈 페트병 안에 수돗물을 조금 부어서 피우고 남은 담배꽁초를 버리곤 했습니다. 아파트에서 월세로 혼자 살기 시작한 지 얼마 되지 않았을 때 친하게 지내던 누나가 카페에 저를 데려가서 아메리카노를 사줬던 적이 있었습니다. 저에게 잔소리를 곧잘 하곤 했던 그 누나는 카페에 들어가자마자 '너는 언제까지 촌스럽게 맨날 주스 아니면 탄산음료만 마실 거야?' 하고 쏘아붙이면서 '오늘은 강제로라도 너의 목구멍 안에 커피를 쑤셔 넣겠어!'라고 말하고는 아메리카노 두 잔을 주문했습니다. 처음으로 아메리카노를 마셨을 때의 충격은 지금도 잊히지 않습니다. 집에서 담배꽁초를 버리던 페트병 안에 든 농축액과 비슷한 색상과 향을 가지고 있는 액체를 사람들이 돈을 주면서 사 마신다는 사실이 믿기지 않아서 저는 아메리카노를 마시는 내내 넋을 잃고 있었습니다. 그리고 바로 그날 저는 집으로 돌아와서 유사품 제조를 시도하게 되었습니다. 물론 처음부터 유사품 제조에 성공하지는 못했습니다. 담뱃재를 털거나 담배꽁초를 버릴 때 저도 모르게 페트병 안에 침을 뱉는 바람에 제조 작업을 처음부터 다시 시작하는 경우가 몇 번 있었기 때문입니다. 이야기를 여기까지만 듣고 저를 세상에서 가장 더러운 인간으로 섣불리 단정 짓지 않았으면 합니다. 제발 제 말을 끝까지 들어주십시오. 담배를 피우는 남자 중에서 하숙 생활을 하는 경우 다 피우고 남은 담배꽁초에 침을 뱉은 뒤에 담배꽁초를 레모나 통 안에 고이 보관하는 사람들이 적지 않습니다. 그것도 뚜껑을 닫지 않은 채 말입니다. 수개월이 지나면 많은 담배꽁초가 취합되어 엄청난 크기의 괴생물체로 진화되는데 저는 남자들이 공상 과학 영화에서나 나올법한 모양새를 가진 그 괴생물체를 애지중지 다뤘던 경우를 여러 번 봐왔습니다. 믿기지 않겠지만 이것 역시 실화입니다. 그 괴생물체는 담배 필터가 위쪽으로 향하고 있어서 축소된 거북선을 연상시켰는데 제 기억이 틀리지 않다면 새끼 고슴도치 두 마리가 엉겨붙은 모양새도 가지고 있었던 것으로 기억됩니다. 아무튼 이 세상에는 저보다 더러운 인간들이 곳곳에 널려 있습니다.

결론을 내려야 할 시점에 온 것 같습니다. 유사품 제조 방식 유포로 인하여 마음 상하신 청소 노동자들과 제 과거의 행실로 인하여 정신적으로 큰 충격을 받으신 국민 여러분께 고개 숙여 사죄의 말씀을 드립니다. 모든 비난을 겸허하게 받아들이겠습니다. 아메리카노와 농축액의 색상이 아주 비슷하다는 것을 제 두 눈으로 유심히 관찰했다는 것을 순순히 인정합니다. 페트병 주위에 코를 갖다 대고 아메리카노와 농축액의 냄새가 비슷하다는 것을 확인했다는 것 또한 인정합니다. 컵에다 농축액을 부은 것 역시 인정합니다. 하지만 저는 절대로 농축액을 마시지 않았습니다. 농축액과 농축액을 담았던 유리컵은 유사품을 성공적으로 제조했던 날에 바로 버렸습니다. 존경하는 국민 여러분. 다시 한번 말씀드리지만 저는 농축액을 마시지 않았습니다. 여러분은 제 말을 믿어주셔야 합니다. 머리 속이 합리적 의심으로 가득 차더라도 믿어주셔야 합니다. 항간에는 제가 농축액을 분명히 한 방울은 맛보았을 것이라는 소문이 떠돌고 있습니다. 그런 근거 없는 속설에 현혹되지 마십시오. 저의 인간성과 존엄성을 걸고 말씀드리겠습니다. 저는 농축액을 단 한 방울도 입에 대지 않았습니다.

저를 중상모략하는 것과 저에게로 향하는 손가락질은 참을 수 있습니다. 하지만 저 때문에 하숙 생활을 하는 모든 남성 흡연자들이 농축액의 맛을 아는 범죄자로 사회적 낙인이 찍힌 것도 모자라서 심지어 가족들과 친구들, 그리고 직장 동료들에게도 손가락질을 받는 것을 생각하면 분노가 치밀어서 참을 수가 없습니다. 국가인권위원회에 의하면 최근 들어 농축액 제조업자로 몰려서 하숙집에서 쫓겨난 남성 흡연자들의 탄원서가 너무 많이 접수되는 바람에 업무가 마비될 정도라고 합니다. 그리고 순식간에 삶의 터전을 잃은 남성 흡연자들 대다수가 사회로부터 그 어떤 도움도 받지 못한 채 빈곤에 허덕이고 있다는 보고가 잇따르고 있습니다. 저의 부주의했던 행동이 이토록 큰 사회적 혼란을 야기할 줄은 정말 꿈에도 상상하지 못했습니다. 이 모든 것이 저의 불찰이며 잘못이라고 생각합니다. 앞으로는 이번과 같은 사태가 일어나지 않도록 언행에 각별하게 신경을 쓰겠습니다. 만약에 제가 또다시 농축액 제조를 시도하는 불상사가 발생하게 된다면 그때는 제가 직접 저의 손모가지를 자른 후에 경찰서에 자수하러 가겠습니다. 긴 시간 동안 제 말에 귀를 기울여주셔서 감사드립니다. 여러분께서 저의 진정성을 믿어주시리라 굳게 믿으며 발언을 마치도록 하겠습니다. 감사합니다.

3부
파편들

3부 파편들은 시 〈밤의 노래〉를 향해 가며 시가 되어 가는 과정과 〈밤의 노래〉가 완성되는 동시에 시에서 빠져나오는 과정을 그려내고 있습니다.

—『밤의 노래』 출간 제안서 중에서

단문

나는 대학생이고 시위현장에서 체포되었다. 저들이 사용하는 인물관계도에 내 지인, 내 지인의 지인, 내 지인의 지인의 지인이 있다는 이유로 나는 여기에 갇혀 있다. 인물관계도에 있는 사람들이 모두 한두 번씩은 내가 몇 번 간 적이 있는 시국토론회와 독서 모임에 참석했었는데 그것이 비극의 시작이었다는 것을 나는 고문을 당하면서 알게 되었다.

진술서

 벌써 몇 번째 똑같은 내용을 반복해서 쓴 것일까? 여기저기 흩어져 있는 구겨진 종이 뭉치들을 봐서는 족히 열 번은 더 넘게 진술서를 작성한 것 같다. 문득 저들이 끝도 없이 나에게 시키고 있는 진술서 작성이 새로운 고문 방식일지도 모른다는 의심이 든다. 아직도 양쪽 귀와 뺨이 얼얼하다. 시키는 대로 백지를 빼곡히 채워서 건네면 한 번 쭉 읽어보고는 여지없이 귀싸대기를 갈긴다. 저들이 원하는 것은 무엇일까? 시키는 대로 적었는데 도대체 무엇이 잘못된 것일까? 더구나 이번에는 저들이 원하는 대로 만났던 장소는 접선 장소로, 격려금은 공작금으로, 유력한 야당 인사는 김대중으로 제출해서 냈음에도 불구하고 똑같은 반응이 나왔다. 그런데 이상하다. 고막이 터진 것일까? 내 앞에 있는 수사관의 입 모양과 행동으로 봐서는 크게 고함을 지르면서 말하고 있는 것이 틀림없는데 내 귀에는 들릴 듯 말 듯 희미하게 웅웅대며 그의 말이 들려온다. "야! 고정간첩한테 언제 어떻게 지령받았는지를 좀 더 상세하게 적어! 너 지난해에 잠수함 타고 북한 다녀오려고 했잖아! 그것도 적어! 그리고 왜 계속 진술서에 있는 내용이 순서가 바뀌고 있어? 사실을 있는 그대로 쓰란 말이야!" 나는 알고 있다. 사실을 있는 그대로 쓴다면 나를 기다리고 있는 것은 물고문 아니면 통닭구이 고문이라는 것을. 저들은 며칠째 내가 짓지 않은 죄를 지었다고 내 입으로 말하도록 했으며 내가 짓지 않은 죄를 지었다고 내 손으로 쓰도록 했다. 절도나 사기, 추행 정도로도 어머니는 쓰러지실 건데 마지막으로 제출한 진술서에는 국가전복을 위한 내란 선동, 고정간첩 접촉, 무단 방북 시도, 공작금 수령 등 어마어마한 죄목들이 나열되어 있었다. 차라리 나를 죽여주면 좋을 건데 여기에 있는 기술자들은 죽음이 눈앞에 어른거릴 때까지 고문을 하다가 거의 죽는 단계에서 사람을 살린다. 그런 순간들을 겪고 나면 누구라도 자기가 짓지 않은 죄를 지었다고 자백할 수밖에 없다. 가장 악질인 인간이 내게 백지를 다시 내민다. 나는 또다시 백지를 빼곡히 채워야 한다. 지금 명심해야 할 것은 하나이다. 죄목의 순서가 틀리거나 단어가 하나라도 틀리면 일단 한 대 얻어터지고 처음부터 다시 진술서를 작성해야 한다는 것이다. 제발 실수가 없기를 바랄 뿐이다.

소리

　이곳에서는 여러 가지 소리가 나를 괴롭게 한다. 옆방에서 누군가 고문을 당하면서 내지르는 비명, 도살자들이 도구를 챙기면서 작업을 준비하는 소리, 그리고 도살자들이 고문을 자행하면서 내뱉는 고함과 욕설은 이제 꿈에서도 들린다. 그래도 그런 소리는 이 부조리한 현실과 조화를 이루고 있기에 그럭저럭 들을 만하다. 하지만 내가 처해 있는 현실과 너무나 동떨어진 소리가 귀에 들려오면 나는 고문을 당할 때 못지않은 괴로움을 느낀다. 특히 저 도살자들이 나를 고문할 때마다 듣는 KBS 클래식 음악 라디오 방송을 진행하는 아나운서들의 나긋나긋한 목소리와 한없이 해맑은 웃음소리를 들을 때가 그렇다. 나와 그들이 완전히 다른 세상에 살고 있다는 괴리감이 주는 심적 고통은 이곳에서 고문을 당하지 않은 사람은 결코 이해하지 못할 것이다. 빌어먹을! 라디오에서 음악 소리가 흘러나온다. 오늘의 고문 배경음악은 바흐의 〈G선상의 아리아〉다.

절규 1

어머니! 저는 간첩이 아닙니다. 여보! 나는 간첩이 아니야. 알지? 영식아! 아버지는 간첩이 아니다. 소영아! 아빠는 절대로 간첩이 아니다. 내 새끼들….

절규 2

: 피로 쓴 메모

대한민국은 민주공화국이다
대한민국의 주권은 국민에게 있고
모든 권력은 국민으로부터 나온다

대한민국은 민주공화국이다
대한민국의 주권은 국민에게 있고
모든 권력은 국민으로부터 나온다

대한민국은 민주공화국이다
대한민국의 주권은 국민에게 있고
모든 권력은 국민으로부터 나온다

헌법이 피로 쓰여졌다고 하여서

헌법이 격문이 될 수 없으며
헌법을 피로 썼다는 이유로
선동이라는 혐의를 내게 씌울 수 없다

대한민국은 민주공화국이다
대한민국의 주권은 국민에게 있고
모든 권력은 국민으로부터 나온다

대한민국 만세!

전사의 노래

: 김남주 시인을 기리며

 나는 다른 수감자들의 사상을 오염시킬 수 있다는 이유로 홀로 독방에 갇혀 있다. 이곳에서는 모든 것이 금지되어 있다. 저들은 나에게 종이 한 장 주지 않고 연필 한 자루나 볼펜 한 자루를 사용하는 것조차 허락하지 않는다. 하지만 나는 저들을 원망하지 않는다. 오히려 나는 저들에게 고마운 마음을 가지고 있다. 저들이 나를 이 독방에 가두어놓지 않았다면 나는 자신만의 시간을 온전히 누릴 수 없었을 것이다. 나는 이 독방에 들어와서야 비로소 인간이 느낄 수 있는 최대치의 외로움을 느낄 수 있었고 고요하다는 것의 의미를 제대로 이해할 수 있게 되었다. 저들은 내면으로부터 우러나오는 진실한 시를 쓸 수 있는 최상의 조건을 내게 허락한 것이다. 종이가 없는 것은 아무런 문제가 되지 않는다. 내게는 우유갑과 은박지가 있다. 그리고 가끔 마음씨 여린 교도관 한 명이 몰래 휴지심을 건네주기도 한다. 연필과 볼펜이 없는 것 역시 아무런 문제가 되지 않는다. 내게는 손톱이 있고 칫솔이 있다. 필요하다면 이빨을 뽑아서 사용할 용의도 있다. 칫솔을 날카롭게 갈 때처럼 정성을 기울인다면 이빨 역시 펜의 역할을 충분히 할 수 있을 것이다. 이가 없으면 잇몸으로 살면 되는 것이다. 저들은 결코 내게서 시를 빼앗을 수 없다. 나는 무슨 일이 있어도 시를 빼앗기지 않을 것이다.

수사관의 노래

: 이불을 뒤집어쓰고

빌어먹을 자식들! 아무리 진급에 눈이 멀었다고 해도 이건 아니지. 학생 운동이야 워낙 과격한 놈들이 있으니까 이해를 하지만 이건 정말 아니야. 국가보안법을 적용하려면 상식적인 선에서 해야지 이게 도대체 뭐 하는 거야? 막걸리 한잔 걸친 상태에서 대통령을 험담했다는 이유로 국가보안법을 적용하다니 이게 말이 되냐고! 이제는 포장마차를 돌아다니면서 정부나 대통령을 욕하는 사람들을 찾아다니는 것도 지쳐. 아무리 포상금과 진급이 걸린 문제라고 해도 이게 사람이 할 짓이야? 갈비는 왼손으로 뜯어야 제맛이라고 말한 사람을 잡아들여서 조서를 꾸미지를 않나…. 조금만 더 있으면 우리나라에 있는 왼손잡이들은 죄다 국가보안법 위반으로 구속되겠군. 모두 제정신이 아니야. 나는 도대체 뭐가 무서워서 이렇게 이불을 뒤집어쓰고 혼잣말하는 걸까? 말세야 말세.

관상

중앙정보부 본청 안의 한 어두컴컴한 사무실 안에 대한민국에서 가장 용하다는 무속인 여섯 명이 모여 있다. 그들은 모두 뜬금없이 나타난 중정 요원들에 의해 지프차에 실려서 이곳으로 안내되었다. 영문을 몰라서 말없이 어리둥절한 표정을 짓고 있는 그들에게 한 중정 요원이 나직하게 말한다.

"너무 염려하지 않으셔도 됩니다. 실장님께서 오시면 이곳으로 안내된 이유를 알게 되실 겁니다."

10분 정도 지나자 키가 크고 다부진 체구의 남자가 양복을 말끔하게 차려입은 상태로 헐레벌떡 사무실 안으로 들어선다.

"그럼 전 이제 나가보겠습니다. 실장님."

"그래, 김 군. 수고했어."

방금 사무실 안으로 들어선 남자가 무속인들 앞에 서서 공손하게 말한다.

"직접 한 분씩 찾아뵙고 인사를 드린 후에 모셔와야 했는데 시국이 시국인지라 그러지 못했습니다. 이곳에 오시는 과정에서 많은 불편함과 불쾌함을 느끼셨을 텐데 넓은 아량으로 이해해주시기를 바랍니다."

나이 지긋한 한 무속인이 양복을 입은 남자에게 볼멘소리로 말한다.

"그래, 우리를 이곳으로 데려온 이유가 뭐요?"

"선생님들과 함께 국가의 중대사를 논의하기 위해서입니다. 제가 사진 한 장을 보여 드릴 텐데 사진 속의 인물에 대해서 느끼시는 바를 솔직하게 말씀해주시면 됩니다. 자, 여기 사진이 있습니다. 한 분씩 오셔서 사진을 보시고 느끼신 바를 말씀해주십시오."

양복을 입은 남자에게 볼멘소리로 말을 건넸던 나이 지긋한 무속인이 먼저 나서서 사진을 유심히 들여다보며 말한다.

"음. 눈빛에 살기가 있어. 그리고 권력욕이 상당하군. 자기편 사람에게는 한없이 관대한데 상대편 사람에게는 무자비해. 군인으로는 적합할지 몰라도 정치를 하기에는 무리가 있구려."

"말씀 감사합니다. 저희가 참고하도록 하겠습니다."

가장 나이가 어린 듯한 무속인이 불쑥 말을 꺼낸다.

"시간도 없는데 굳이 한 명씩 차례대로 왔다 갔다 할 필요가 있습니까? 저희가 한꺼번에 실장님 쪽으로 가서 사진을 보고 의견을 말씀드리는 것이 좋을 것 같은데요."

"저는 단지 선생님들께 충분히 숙고할 시간을 드리려고 한 것이었는데 이거 실례가 되었다면 죄송합니다. 혹시 다른 분들도 같은 생각입니까?"

양복을 입은 남자의 말이 끝나기 무섭게 사진을 손에 쥔 그의 주위로 무속인들이 우르르 모여든다. 잠시 침묵이 흐른 후 무속인들이 웅성거리기 시작한다.

"음기에 짓눌려 있군. 안사람이 아주 대단하겠어. 보나 마나 보통 여편네가 아닐 거야."

"재물욕이 상당하겠는데요. 권력을 손에 쥐면 제일 먼저 돈부터 갈취할 상이에요."

"인상이 아주 표독스럽군. 잔인한 습성을 가지고 있어. 그리고 잔꾀가 가득해."

"내가 살다 살다 이런 상은 처음 보는군. 이렇게 잔인한 상은 처음이야."

"머리 벗겨진 것은 둘째 치고 이 눈빛 좀 봐요. 살기가 가득하지 않습니까? 정계에 발을 들이면 사람들을 많이 죽이겠어요."

"이 상판대기 좀 봐. 역적의 상이야."

무속인들의 말을 가만히 듣고 있던 양복을 입은 남자가 갑자기 양복 안주머니에서 권총을 꺼내 들더니 마지막으로 발언을 한 무속인에게 총구를 겨누면서 말한다.

"야 이 새끼야! 너 지금 뭐라고 했어? 역적의 상이라고? 이분이 누군 줄 알고 말을 그따위로 해! 너 여기가 어딘 줄 알아?

오늘 중앙정보부 관광 한번 제대로 시켜줘? 이 새끼가 어디서 주둥이를 함부로 놀려! 사진을 대충 보지 말고 자세히 본 다음에 다시 말해봐!"

마지막으로 발언을 했던 무속인이 몸을 바들바들 떨면서 한참 동안 사진을 바라보다가 조심스럽게 말문을 연다.

"사진을 자세히 보니까 위엄이 느껴집니다. 호방한 기상이 두드러지는 것으로 보아 큰일을 맡게 되면 결단력을 가지고 막힘없이 밀고 나가실 분입니다."

양복을 입은 남자가 혼이 나간 표정으로 멍청하게 서 있는 무속인들을 쭉 훑어본 후에 방금 답변을 한 무속인에게 큰 소리로 묻는다.

"그러면 나라의 큰일을 맡아도 되는 상이요?"

"예. 그렇고 말고요."

"다른 분들도 사진을 대충 보시지 마시고 자세히 본 다음에 다시 말씀을 해보십시오."

양복을 입은 남자의 말을 듣고 무속인들이 사진을 오랫동안 들여다보더니 한 명씩 의견을 늘어놓는다.

"위대한 영도자의 상입니다."

"구국의 영웅으로 칭송받게 될 상입니다."

"대통령이 되어도 이상하지 않을 상입니다."

"왕이 될 상입니다."

양복을 입은 남자가 손뼉을 크게 한 번 친 후에 말한다.

"모두 수고 많으셨습니다. 밖으로 나가시면 우리 요원들이 섭섭하지 않게 담은 돈 봉투를 건네줄 겁니다. 멀리 못 나갑니다. 안녕히 가십시오."

 양복을 입은 남자의 말이 끝나자마자 무속인들이 쏜살같이 사무실을 빠져나간다.

 사무실 안에 혼자 남게 된 양복을 입은 남자가 담배 한 개비를 입에 물고 불을 붙인다. 그리고 담배 연기를 깊게 들이마시고는 후 뿜어내면서 자신도 모르게 시 한 구절을 읊는다.

 왕이 될 상이로소이다

마왕

　내가 순순히 입을 열지 않을 때마다 도살자들은 입버릇처럼 이렇게 말하곤 했다.
　"그렇게 버텨봐야 소용없어. 마왕이 오면 다 끝나니까. 그를 만나기 전에 솔직하게 털어놓는 게 너한테도 좋고 우리한테도 좋아."
　마왕은 도살자들이 나를 겁주기 위하여 만들어낸 가상의 인물일 뿐이라고 생각했다. 그런데 말로만 듣던 그가 실제로 내 눈앞에 나타났다. 만약 인간이 강철로 이루어져 있다면 저런 모습일까? 우락부락한 체구의 그가 나를 한 번 힐끔 쳐다보더니 도살자들에게 말한다.
　"작성하신 조서를 읽어 볼 수 있을까요?"
　"네. 여기 있습니다. 한번 읽어보십시오."
　"음. 내용에 일관성이 없군요. 꽤 독종이었나 보죠?"

"쉽게 입을 열었으면 이곳에 오시도록 하지 않았을 건데 이거 유감입니다."

"조서를 작성할 때 가장 신경 써야 하는 것은 핵심을 명료하게 요약하는 것입니다. 그런데 작성하신 조서는 내용이 전체적으로 산만하고 글씨체도 엉망이군요. 조서는 다시 작성하도록 하겠습니다. 저 주전자 좀 주시겠습니까?"

"네. 여기 있습니다."

"물에다 고춧가루를 탔군요. 입에다 부었습니까? 아니면 코에다 부었습니까?"

"입에도 부어보고 코에도 부어봤습니다."

"눈을 가리고 작업을 진행했습니까?"

"거기까지는 신경을 쓰지 못했습니다."

"다음부터는 반드시 눈을 가리고 작업을 진행하십시오. 아무리 독종이라도 아무것도 보이지 않는 상태에서 무엇인가 몸속으로 들어오면 당황하게 되어 있습니다. 개인적으로는 건더기를 충분히 남겨놓은 상태의 짬뽕 국물을 코에다 붓는 것을 추천합니다. 거기서부터 시작해서 물고문, 통닭구이 고문, 성고문, 전기고문 순으로 진행하는 것이 효과적입니다. 오늘 하나하나 보여드릴 테니까 잘 참고하시기를 바랍니다."

"앞으로 번거롭게 오시는 일 없도록 저희가 잘 보고 배우겠습니다."

"위대한 작가들의 문학작품은 모두 백지에서 시작해서 문장이 한 구절 한 구절 채워짐에 따라 완성됩니다. 위대한 작곡가들의 음악 역시 텅 비어 있는 오선지에 음표가 하나하나 채워짐에 따라 완성됩니다. 첫 문장과 첫 마디를 머리 속에서 뽑아내는 것이 어려울 뿐입니다. 하지만 제대로 된 하나의 문장이 적히고 제대로 된 한 마디가 갖추어지면 그다음부터는 모든 것이 순조롭게 진행됩니다. 시작이 반입니다."

"정말 명언이십니다. 꼭 예술가처럼 말씀하시는군요."

"진술서를 받아내는 것, 조서를 작성하는 것, 고문을 하는 것 등 우리가 하는 것도 무에서 유를 창출하는 과정이지요. 우리가 하는 일도 일종의 예술입니다."

마왕이 나에게 다가온다. 온몸이 떨리기 시작한다. 그가 내 앞에 와서 딱 서더니 내 눈을 쳐다보면서 씨익 웃어 보이고는 한마디를 내뱉는다.

"그럼 이제 시작해볼까?"

마왕의 퇴장

 마왕이 원하는 대로 조서와 진술서가 작성되었다. 끝났다. 이제 정말 모든 것이 끝났다. 나는 더 이상 고문받지 않아도 되고 맞지 않아도 된다. 그에게 고문을 받았던 그 순간들은 평생 잊히지 않을 것이다. 그의 말대로 고문이라는 행위가 예술이라면 그는 그 방면에서 최고의 예술가였다. 손이 떨린다. 떠올리지 말자. 내게는 그 순간들을 떠올리는 것 자체가 또 다른 고문이다. 그가 조서와 진술서를 작성할 때 자주 사용했던 국어사전을 자신의 가방 안에 넣고 있다. 그를 또다시 볼 일은 없겠지? 법정에서 진술을 번복하거나 엉뚱한 짓만 하지 않으면 된다. 그가 도살자들과 인사를 나누고 있다. 이렇게 헤어지는 건가? 안 된다. 나는 물어볼 필요가 있다. 반드시 물어봐야 한다. 물어보자. 용기를 내자.
 "저기 잠시만요!"

그가 나를 쳐다본다. 그 순간들이 떠오른다. 내가 만약에 사람이 아니라 개였다면 분명히 지금 배변 실수를 했을 것이다.

"응? 나를 부른 것 같은데? 자네 나를 부른 것 맞지?"

"예. 저기 다름이 아니라 혹시 성함을 알 수 있을까요?"

"호호호. 왜? 다음에 혹시 세상이 바뀌면 복수하려고? 그런데 자네와 같은 부류의 인간들이 꿈꾸는 그런 유토피아가 과연 도래할 수 있을까? 음. 도래하다? 도래하다…. 사전을 찾아봐야겠군."

그가 가방 안에서 국어사전을 꺼내어 뒤적거리더니 멈췄다. 그는 지금 '도래하다'라는 용어의 사용이 적절했는지 알기 위해서 한자를 확인하고 있는 것이 틀림없다. 나는 그가 조서를 작성할 때 지금과 비슷한 장면을 수없이 많이 연출했던 것을 기억하고 있다.

"음. '도래하다'라는 용어의 사용은 적절했던 것 같아. 그래, 그런데 자네들이 꿈꾸는 그런 이상적인 세상이 과연 올까? 만약에 내가 살아있을 때 그런 세상이 온다면 그때는 자네가 서 있던 고문대 위에 나를 세워서 마음껏 복수하게."

그가 내게 손을 흔들며 말한다.

"그럼 멸공!"

과연 그다운 인사다. 방문을 닫고 나가는 그의 모습이 보인다. 그는 이 도살장에서 자신이 맡은 마왕의 역할을 누구보다 훌륭하게 소화하고 퇴장했다.

도살자들의 노래

"선배님. 따님이 서울예고에 다닌다고 하셨지요? 다음에 따님이 피아니스트가 되면 꼭 연주회에 초대해주세요."

"당연히 초대해야지. 아 그래. 자네는 막내 여동생이 언제 결혼한다고 했지?"

"아직 두 달 남았습니다. 여유가 되면 예단비를 더 보태주고 싶은데 그러지를 못해서 참 힘드네요. 혹시나 해서 어제 집사람한테 말을 꺼냈는데 아가씨한테 해줄 만큼 해줬다고 하면서 집에 쌀이 떨어졌다느니 아이들 교육비가 모자란다느니 하면서 하도 바가지를 긁어 대는 바람에 속이 타서 소주 한 병을 다 비웠습니다."

"자네도 장남이지? 내가 그 심정을 잘 알지. 그래도 자네가 가장 노릇을 잘했으니까 동생들 모두 장가보내고 시집보낸 거야. 남자한테는 보이지 않는 집안일이 있으니까 제수씨한테 너무 서운해하지 말게."

"선배님은 따님이 피아노를 전공하면 돈이 많이 들지 않습니까?"

"말도 말아. 나도 벌이가 넉넉하면 음대 교수나 외국에서 유학한 선생한테 레슨을 받도록 하고 싶은데 그게 말처럼 쉽지 않아. 자네 그거 아나? 학교 안에서도 장관 자녀, 국회의원 자녀, 재벌가 자녀 등으로 계급이 나누어져 있다고 하더군. 그 녀석이 아비를 잘못 만나서 고생이 많아. 해준 것이 없어서 항상 미안해. 자네한테만 말하는 건데 동네 피아노 학원만 다니다가 서울예고에 입학하는 경우는 아주 드물다고 하더군."

"따님이 진짜 대단하네요. 다음에 분명히 훌륭한 피아니스트가 될 겁니다. 이거 미리 사인을 받아 놓아야 할 것 같은데요?"

"사람 참 싱겁기는. 어라? 저 녀석이 자네를 쳐다보고 있는데?"

"예? 야 이 빨갱이 새끼야! 뭘 쳐다봐!"

목사의 노래

일반인들이었으면 따귀부터 후려쳤겠지. 그런데 자기들이 붙잡아 놓은 사람들이 죄다 목사들이니까 이러지도 저러지도 못하는 거야. (웃음) 그러다가 갑자기 우리를 모두 봉고차 안에 태우더니 얼굴에 무엇인가를 뒤집어씌웠어. 자동차 시동을 걸고 20분 정도 달렸나? 갑자기 차 문 열리는 소리가 들리더니 우리를 밖으로 밀쳐내더라고. 봉고차가 떠나는 소리를 듣고 얼굴에 덮여 있던 것을 이리저리 풀어서 주위를 둘러보니까 도대체 내가 어디 있는지 도통 모르겠는 거야. 다른 목사님들도 어이가 없어서 눈만 깜빡거리고 있었고. 집으로 가기는 가야 하는데 내가 어디 있는지도 모르겠고 주머니에 지갑은커녕 동전 한 닢 없으니까 앞이 막막했어. 그래도 어떻게 주위에 사시는 아주머니 한 분을 만나게 되어서 도움을 받을 수 있었지. 그때만 해도 지금과는 달리 교회에 다니는 사람이라고 하거나 목사라고 하면 종교가 달라도 일단은 신뢰하는 분위기가 형성되어 있었어. 심지어 슈퍼마켓에서 계산을 하다가 돈이 모자라면 주인이 외상 처리를 해줬다니까. 아무튼 그 아주머니가 집 전화를 사용하게 해주셔서 목사님들이 한숨 돌릴 수 있었지. 그 아주머니에게 사모님들이 일일이 전화상으로 교회 이름과 교회 주소를 가르쳐주니까 아무 의심 없이 차비를 빌려주셨어. 그때만 해도 그게 가능했어. 심지어 '목사님들 시장하시겠다' 하시면서 집에 있는 반찬들을 다 꺼내서 식사를 대접해주셨다니까. 어쩌다가 교회에 다니는 사람들의 평판이 이렇게 나빠졌는지. 쯧쯧⋯.

퍼즐 조각

　이곳에 함께 수감되어 있는 사람들이 어제부터 나만 보면 계속 곁눈질을 하면서 눈을 깜빡거린다. 분명히 무슨 신호를 보내는 것 같은데 아무리 머리를 굴려도 뜻을 알아내지 못하겠다. 하지만 확실한 것은 이것이다. 밖에서 무슨 일이 일어나고 있는 것이 틀림없다. 며칠 전부터 나를 대하는 수사관들의 태도도 변했다. 예전 같으면 취조할 때 심심하면 귀싸대기를 갈겼는데 요즈음은 손찌검하는 횟수가 현저하게 줄어들었다. 그리고 손을 들어 올리다가도 한 번 멈칫거리고는 손을 내려버리는 경우가 허다하다. 무슨 이유에서인지는 모르겠지만 그들은 잔뜩 주눅이 들어 있다. 전체적으로 무엇인가 굉장히 위축된 분위기가 그들에게서 감지된다. 도대체 밖에서 무슨 일이 일어나고 있는 걸까? 끊임없이 눈을 깜빡거리며 내게 보내는 신호와 주눅이 잔뜩 들어 있는 수사관들…. 퍼즐 조각을 어떻게 맞추어야 할지 모르겠다. 내게는 또 다른 퍼즐 조각이 필요하다. 문밖에서 수사관들이 웅성거리는 소리가 들린다. 쉿, 어쩌면 수사관들의 입을 통해서 또 다른 퍼즐 조각의 행방을 찾을 수 있을지도 모른다.

"박종철이가 죽고 나서 처리를 확실하게 하지 못한 것이 화근이었어."

"탁! 치니까 억! 하고 죽었다고 말했을 때부터 불안했어."

"흉흉하던 민심이 이한열에 이르러서 완전히 폭발한 것이지요."

"지금 밖에 있는 시민들의 분위기를 봐서는 정권이 넘어갈 수도 있어요."

드디어 내가 찾고 있던 퍼즐 조각을 찾았다!

친구들에게

　동주야! 몽규야! 너희들이 세상을 떠난 지가 벌써 40년이 훌쩍 넘었구나. 내 눈에 아른거리는 너희들의 모습은 옛 모습 그대로 여전히 젊디젊은데 나는 어느덧 머리가 희끗희끗한 노인이 되어 버렸구나. 너희들이 그렇게 세상을 떠난 후 지금까지 나는 단 하루도 마음 편히 하늘을 올려다본 적이 없었다. 일제 치하에서 벗어난 지 반세기가 다 되어 가는데 아직도 민족은 두 동강이 나 있고 그것도 모자라서 이 반쪽이 된 나라에서마저 사회가 통합되지 못하고 분열되어 있는데 나를 내려다보고 있는 너희들을 내가 무슨 낯으로 마음 편히 올려다볼 수 있겠니? 너희들한테 미안하고 부끄럽구나. 그리고 너희들 보기가 민망하구나. 한열이는 잘 도착했니? 그 아이를 만나봤니? 그 아이를 따뜻하게 안아줬니? 미련하고 어리석은 어른들이 나라를 잘못 이끌어서 애꿎은 젊은 아이들이 계속 희생되는구나. 아닌 것을 아니라고 외친 그 아이들이 무슨 잘못이 있겠니? 세월이 흐르면 그 아이들의 이름은 사람들의 머리 속에서 서서히 잊혀가겠지. 너희들이 그 젊은 천사들에게 전해다오. 다른 사람은 몰라도 나만큼은 그 아이들이 왜 죽었는지, 어떻게 죽었는지 꼭 기억해주겠다고 전해다오. 친구들아! 나도 너희만큼 마음이 아프다. 광복 이후 40년이 넘도록 봄을 맞이하지 못하고 있는 나의 심정은 어떻겠니? 햇볕이 이리 쨍쨍 내리쬐는데도 녹지 않고 얼어붙어 있는 이 마음을 너희들은 이해할 수 있니? 비가 와도, 눈이 와도, 햇볕이 내리쬐어도 너희들을 볼 낯이 없어서 하늘을 마음 편히 올려다보지 못하는 내 심정을 너희들은 이해할 수 있니? 내가 살면 얼마나 더 살겠니? 지난 과오를 생각하며 남은 인생을 부끄럽게 살지 않을 테니 언젠가 우리가 다시 만나게 될 때 좀 더 좋은 세상을 만들지 못했다고, 좀 더 나은 세상을 후손들에게 물려주지 못했다고 나를 너무 나무라지 말았으면 좋겠구나….

목사님
목사님
이제 나가셔야 합니다

조사①

: Weinen, Klagen, Sorgen, Zagen②

전태일 열사여!

김상진 열사여!

장준하 열사여!

김태훈 열사여!

황정하 열사여!

김의기 열사여!

김세진 열사여!

---

① 이 작품은 문익환 목사가 이한열 열사의 장례식에서 행한 연설의 내용을 그대로 옮긴 것이다. 그리고 조사에 언급된 인물들의 인적사항을 주석란을 통해 기재하는 과정은 독자들이 자발적으로 역사적 흐름에 동참하기를 바라는 마음에서 저자가 의도적으로 생략했음을 밝혀둔다.

② 'Weinen, Klagen, Sorgen, Zagen(울며, 탄식하며, 근심하며, 두려워하며)'는 요한 제바스티안 바흐의 칸타타 BWV 12의 제목이다. 프란츠 리스트는 이 작품을 피아노를 위한 변주곡으로 편곡하기도 했다.

이재호 열사여!
이동수 열사여!
김경숙 열사여!
진성일 열사여!
강상철 열사여!
송광영 열사여!
박영진 열사여!
광주 이천여 영령이여!
박영두 열사여!
김종태 열사여!
박혜정 열사여!
표정두 열사여!
황보영국 열사여!
박종만 열사여!
홍기일 열사여!
박종철 열사여!
우종원 열사여!
김용권 열사여!
이한열 열사여어어어어!
(포르티시모로 시작하여 갈라지는 목소리로 점점 여리게)

밤의 노래

: Lied der Nacht

하나님이 가라사대 빛이 있으라 하시매 빛이 있었고
그 빛이 하나님의 보시기에 좋았더라
하나님이 빛과 어두움을 나누사
빛을 낮이라 칭하시고 어두움을 밤이라 칭하시니라
저녁이 되며 아침이 되니 이는 첫째 날이니라
창세기 1장 3절에서 5절 말씀

내가 매일 밤 하염없이 되뇌는 성경 구절들

낮과 밤을 함께 창조하신 신이시여
지금 당장은 이 세상이 밤으로만 이루어진 것 같고
이 어두운 밤이 영원히 계속될 것처럼 느껴지지만
태양이 하늘 위로 높이 솟아오를 낮을

제가 그토록 기다리고 마음속 깊이 그리워하는 낮을
당신이 제게 머지않아 허락하실 것을 믿어 의심치 않기에
오늘 밤도 저는 희망의 빛 한 줄기를 마음속에 조심스레 품고
당신이 제게 허락하신 이 어두운 시간을
묵묵히 견뎌내려 합니다

제가 믿고 의지하는 신이시여
어둠 속에서 홀로 외로움과 대면해야 하는 이 시간이
저에게는 한없이 버겁게 느껴지지만
이 어두운 시간 또한 결국은 지나가고야 말 것이기에
저는 꿋꿋이 이 힘겨운 시간을 견뎌내겠습니다
부디 이 밤을 저와 함께 해주셔서 밤이 가장 깊어질 무렵
어둠과 적막이 절정에 이르렀을 때
낮을 기다리다 지쳐 있을 저의 마음속에서
불꽃이 서서히 꺼져가는 모습을 보시게 된다면
당신께서 불가능이 없는 당신의 그 크신 능력으로
꺼져가는 저의 내면의 불꽃을 되살려 주십시오

태양과 달과 별들을 창조하셔서 그것들로
하여금 낮과 밤을 주관하게 하신 신이시여
원하옵건대 언젠가 먼 훗날 제가 이 순간을 되돌아볼 때
그때도 지금처럼

제 양심이 어둠 속에서도 환하게 빛날 수 있기를
오랜 세월이 흘러도 제 양심의 색이 퇴색되지 않고
지금처럼 찬연하게 빛날 수 있기를 간절히 기도드립니다
아멘

천사의 노래

: 천상병 시인을 기리며

"선생님께서는 동백림사건 당시의 고문 후유증으로 인해서 불임이 되어 결국 그토록 원하시던 아이를 가지시지 못하는 불행을 겪을 수밖에 없었는데요. 만약에 길을 건너다가 선생님을 고문하던 사람들을 다시 만난다면 알아보실 수 있겠습니까? 그 사람들을 다시 만난다면 무슨 말을 해주고 싶으신가요?"

괜찮다
다 괜찮다

"그러면 선생님께서는 그 사람들을 용서하실 수 있겠습니까?"

용서해야지 하하

용서할 수 있다 당연히 용서해야지 용서해야 한다
예수님은 예수님은 성경에서
예수님은 성경에서 원수를 사랑하라고 하셨다
그래야지 그래야 한다
용서해야 한다 용서할 수 있다 하하

통화 내역

따르릉 따르릉
따르릉 따르릉
따르릉 따르릉

"누구세요?"
"여보세요? 이 경감인가? 나 박 치안감이네."
"치안감님! 안녕하십니까? 그런데 이 시간에 어쩐 일로 전화를 하셨습니까?"
"지금부터 내가 하는 말을 잘 듣게. 윗선에서 압력이 계속 들어오고 있어. 아무래도 여론이 부담되는 모양이야. 자네한테 이런 말을 하는 것이 정말 미안한데 이제는 내가 어떻게 해줄 수 있는 범위를 넘어서 버린 것 같네. 여보세요? 자네 듣고 있나?"

"네. 듣고 있습니다. 이제 정말 막다른 골목에 다다랐군요. 제가 어떻게 하면 되겠습니까?"
"국가의 안녕을 위해서는 자네의 희생이 필요하네. 지금 당장은 받아들이기 힘들겠지. 그래, 나도 이해하네. 하지만 언젠가 통일될 조국은 국가에 대한 자네의 헌신과 희생을 영원히 기억해줄 걸세."
"알겠습니다. 대신 조건이 하나 있습니다."
"뭔가? 말해보게."
"저도 수사 과정에서 제가 입을 열면 여러 사람이 다치는 것 정도는 알고 있습니다."
"으음."
"긴말하지 않겠습니다. 제 가족들의 신변만은 꼭 보장해주십시오. 그렇게만 해주신다면 수사 과정에서 제가 융통성 있게 잘 처신하겠습니다."
"알았네. 그건 내가 보장해주겠네."
"알겠습니다. 그러면 마음을 추스른 후에 오늘 안으로 자수하러 가겠습니다."
"고맙네. 자네가 현장 일을 할 때처럼 국가를 위해서 책임감 있게 처신해줄 거라 믿네."
"무슨 일이 있어도 약속하신 것은 꼭 지켜주셔야 합니다."
"그건 걱정하지 말게."
"알겠습니다. 그럼 치안감님만 믿겠습니다."

"그래. 어디에 있든지 항상 몸조심하게. 그럼 전화를 끊도록 하겠네."

"네. 안녕히 계십시오."

뚜 뚜 뚜 뚜 뚜 뚜

뚜 뚜 뚜 뚜 뚜 뚜

뚜 뚜 뚜 뚜 뚜 뚜

4부
음악을 바라보는 시선

음악이 절실하지 않은 시대는 영혼이 메마른 시대이다. 우리는 시와 음악이 절실했던 시대와 그런 시대를 살았던 이들이 인류 문명의 진정한 발전을 선도했던 것을 기억해야 할 필요가 있다.

—『음악을 바라보는 시선』 초판 서문 중에서

반 클라이번

 1958년에 모스크바에서 열린 제1회 차이콥스키 국제 콩쿠르가 막을 내리기 직전에 소련 당국을 아주 난처하게 만드는 일이 발생했다. 적국이었던 미국의 젊은 피아니스트 반 클라이번(Van Cliburn, 1934~2013)이 피아노 부문에서 우승을 하는 초유의 사건이 일어난 것이다. 콩쿠르 기간 동안 청중들에게는 말할 것도 없고 당대를 대표하는 음악가들로 구성되었던 피아노 부문의 심사위원들에게 가장 강렬한 인상을 남겼던 인물은 다름 아닌 미국 국적의 반 클라이번이었다.[1] 하지만 정치적으로 민감했던 시기였기 때문에 콩쿠르 주최 측은 사실상 크렘린의 동의를 얻은 다음에야 반 클라이번의 콩쿠르 우승을 발표할

---

[1] 당시 심사위원이었던 스뱌토슬라프 리흐테르가 반 클라이번에게 몰표를 주었던 일화는 유명하다.

수 있었다.

반 클라이번이 차이콥스키 국제 콩쿠르에서 우승을 했을 때 입상했던 소련의 다른 참가자들 중에는 야콥 플리예르의 제자이자 미하일 플레트네프를 길러낸 레프 블라센코와 콘스탄틴 이굼노프의 제자였으며 훗날 모스크바 국립 음악원의 교수로 재직하게 되는 나움 슈타르크만 등이 있었지만 일부 언론들이 기사화한 것처럼 당시 콩쿠르에 소비에트 연방의 뛰어난 피아니스트들이 모두 참가한 것은 아니었다. 이와 관련해 라자르 베르만의 자서전에는 흥미로운 대목이 기록되어 있다. 제1회 차이콥스키 국제 콩쿠르가 열리기 전에 소련 당국은 라자르 베르만 본인 외에 레프 블라센코, 예프게니 말리닌,② 드미트리 바쉬키로프,③ 블라디미르 아쉬케나지 등 1930년대 생의 뛰어난 피아니스트들을 소집해서 콩쿠르 참가 여부를 물었다. 아쉬케나지는 자신은 차이콥스키를 좋아하지 않는다고 한마디로 딱 잘라 말하면서 콩쿠르 참가를 거부했고 예프게니 말리닌은 건강상의 문제가 있었기 때문에 콩쿠르 참가에 어려움을 피력했다고 한다. 한편 라자르 베르만 본인은 될 대로 되라는 식으

---

② 겐리흐 네이가우즈의 제자였으며 당시 이미 쇼팽 국제 콩쿠르와 롱 티보 국제 콩쿠르에서 입상한 상태였다.
③ 알렉산더 골덴바이저의 제자였으며 당시 이미 롱 티보 국제 콩쿠르에서 그랑프리를 차지한 상태였다.

로 피아노 연습과 콩쿠르 준비에 몰두할 수 있도록 콩쿠르 참가를 명분 삼아 아파트를 요구했는데 소련 당국은 라자르 베르만에게 콩쿠르에 참가하지 않아도 된다는 통보를 하여서 그의 아파트 요구를 사실상 거절했다고 한다. 만약 자서전에 언급되었던 인물들이 제1회 차이콥스키 국제 콩쿠르에 모두 참가했다면 말 그대로 '별들의 전쟁'이 일어날 수도 있었던 것이다.

아이러니하게도 반 클라이번에게 콩쿠르 우승을 빼앗긴 후 자존심을 심하게 다친 소비에트 정부는 후에 강압적이고 협박에 가까운 강요로 아쉬케나지를 제2회 차이콥스키 국제 콩쿠르에 참가시키는 데 성공하였고 아쉬케나지는 영국의 존 오그돈과 함께 공동 우승을 차지함으로써 소련 당국의 체면을 세우는 역사를 쓰게 된다. 차이콥스키 국제 콩쿠르에서의 우승 이후 냉전시대에 문화를 통하여 해빙기를 가져왔다는 평가를 받으며 미국의 영웅으로 추앙받았던 반 클라이번은 밝고 화사한 피아노 음색과 피아노로 노래를 하는 것 같은 부드러운 레가토를 바탕으로 스케일이 큰 연주를 하는 특징을 가지고 있었다. 특히 그가 차이콥스키 국제 콩쿠르 결선에서 연주했던 차이콥스키의 피아노 협주곡 1번과 라흐마니노프의 피아노 협주곡 3번 연주에서는 작품이 내포하고 있는 특성과 그의 연주 스타일이 절묘하게 조화를 이루어내는 모습을 포착할 수 있다.

반 클라이번은 줄리아드 음대에서 명피아니스트였던 요제프 레빈의 아내이자 모스크바 국립 음악원에서 바실리 사포노프에게 가르침을 받았던 로지나 레빈과 공부했는데 그녀로부터 러시아 피아노 학파의 스타일과 특징을 간접적으로 물려받게 된다.④ 차이콥스키 국제 콩쿠르에서 그가 러시아 음악들을 연주해서 큰 호응을 불러일으켰던 요인들 중에는 그의 연주가 이질적으로 느껴지지 않을 정도로 굉장히 자연스러웠고 낭만성이 농후하면서도 선이 굵은 그의 연주 스타일이 과거 러시아 거장들의 연주를 연상시키는 면이 있었기 때문인데, 이는 로지나 레빈과의 공부를 통해서 러시아 낭만주의가 그에게 계승되었기 때문에 가능한 것이었다.

피아니스트로서 필요한 모든 장점과 조건들을 가지고 있었던 반 클라이번은 차이콥스키 국제 콩쿠르 우승 이후 엄청난 횟수의 연주회를 소화해야만 했고, 미국을 대표하는 피아니스트로 떠오른 만큼 미국의 애국심 마케팅에 이용되기도 했다. 차이콥스키 국제 콩쿠르에서 연주했던 차이콥스키와 라흐마니노프의 피아노 협주곡들을 연주해달라는 연주회 주최 측의 요청을 수없이 받았던 반 클라이번은 새로운 작품들을 공부하면

---

④ 명교수로 이름을 떨쳤던 로지나 레빈의 제자로는 존 브라우닝, 다니엘 폴락, 랄프 보타펙, 미샤 디히터, 게릭 올슨, 그리고 한국의 한동일, 백건우 등이 있다.

서 레퍼토리의 폭을 넓혀 나가는 모습을 보여주기보다는 자신의 장기 프로그램 위주로 연주회를 열었기 때문에 피아니스트로서는 꾸준한 성장을 하지 못했고 음악가로서의 생명은 짧았다. 그럼에도 불구하고 많은 사람들이 그를 기억하는 이유는 짧은 기간이었지만 그가 전성기 시절에 들려준 강렬한 피아니즘 때문이다.

음반으로 만날 수 있는 그의 대표적인 명연들 중에는 키릴 콘드라신 지휘하의 RCA 심포니 오케스트라와 협연한 차이콥스키의 피아노 협주곡 1번 연주가 반드시 거론된다. 이 연주에는 젊은 반 클라이번의 싱싱한 패기가 그대로 묻어 있는데 굉장히 호방한 터치가 인상적이다. 그리고 키릴 콘드라신 지휘하의 모스크바 필하모닉 오케스트라와 협연한 차이콥스키 국제 콩쿠르 결선 당시의 라흐마니노프의 피아노 협주곡 3번 실황 녹음도 인상적이다. 사소한 실수들이 발견되기는 하지만 콩쿠르 현장의 뜨거운 열기가 느껴지는 흥미로운 연주이며 센세이셔널한 반응을 불러일으켰던 그 당시의 반 클라이번의 모습을 발견할 수 있는 귀중한 기록이다.⑤ 음악계에서 가장 독선적인 인물이었고 음악가들과의 불화로 유명한 지휘자 프리츠 라이너와의

---

⑤ 차이콥스키 국제 콩쿠르 이후 반 클라이번의 파트너로서 처음으로 미국 무대에 설 수 있었던 키릴 콘드라신은 미국 데뷔를 시발점으로 서방세계에 본격적으로 모습을 드러낼 수 있었다.

리코딩들도 매력적이다. 가끔씩은 지휘자의 그늘에 가려져 있는 것 같은 느낌이 들기도 하지만 노지휘자와 젊은 협연자의 파트너십이 의외로 자연스러워서 청자들에게 음악을 듣는 새로운 재미를 선사하는 프리츠 라이너 지휘하의 브람스의 피아노 협주곡 2번, 슈만의 피아노 협주곡, 라흐마니노프의 피아노 협주곡 2번 연주 등도 짚고 넘어갈 필요가 있는 연주들이다.

반 클라이번은 후대 음악가들에게 많은 교훈을 준다. 특히 차이콥스키 국제 콩쿠르 우승 이후의 그의 연주회에는 정치가 예술에 개입하여 예술가를 상대로 애국심 이벤트를 요구하는 모습과 국가주의가 만연한 나머지 연주회의 시작이 미국 국가로 연주되면서 순수 음악회에 영향을 끼치는 모습이 만천하에 드러났다. 반 클라이번은 그러한 국가주의의 희생양으로서 정치적 간섭에 의하여 음악이 어떻게 변질될 수 있는지를 가장 대표적으로 보여주게 되었다. 또한 그는 콩쿠르에서의 우승으로 인한 일시적인 성공이 예술가로서의 성공적인 미래를 보장해주지 않는다는 것을 여실히 증명하기도 했다.

차이콥스키 국제 콩쿠르에서 반 클라이번이 우승을 하자 미국은 1962년에 그의 이름을 딴 국제 콩쿠르를 만들어서 개최하였다. 입상하기 매우 어렵지만, 입상을 하게 되면 많은 연주 기회가 주어져 어느 정도의 인지도를 보장받을 수 있는 반 클라이번 국제 콩쿠르의 우승자들에게는 '반 클라이번의 저주'라고 불리는 징크스가 따랐다. 음악가로서 제대로 성장하지 못하고 이름조차 기억되지 못하는 우승자들도 있었으며 자살, 지병, 사고 등으로 인해 음악가로서 제대로 꽃피우지 못하고 세상을 떠나버린 우승자들도 있었다. 반면 공교롭게도 반 클라이번 국제 콩쿠르에서 우승을 차지하지 못한 피아니스트들이 우승자들보다 음악가로서 더 크게 성장하게 되는 현상이 유난히 두드러졌다. 이 때문에 우승자들의 불행을 '반 클라이번의 저주'라는 징크스로 명명하게 된 것이다. 은퇴와 재기를 번복하면서 음악애호가들에게 실망과 기대를 함께 가져다 준 반 클라이번은 동시대의 음악가들 중에서 가장 인상적인 인물이었고 시대상을 적나라하게 반영했던 상징적인 인물이었다.

키스 자렛을 떠올리면서

이제는 그 이름만으로도 '전설'로 각인되어 있는 키스 자렛 (Keith Jarrett, 1945~)과 그의 피아니즘을 어떤 한정된 영역이나 노선에 포함시킨다는 것은 사실상 무의미하다고 할 수 있다. 대표적인 선배 재즈 피아니스트들을 떠올려보면 키스 자렛의 위치를 어디에 두어야 할지 난감해지지만, 이는 그가 평생에 걸쳐 다양한 실험을 했으며 누구보다 넓은 스펙트럼을 가졌다는 것을 반영하는 것이기도 하다. '건반 위의 시인'으로 불리며 쇼팽과 비견되기도 했던 빌 에반스는 단순하면서도 정제된 화성법을 기반으로 시간과 공간을 초월하여 재즈 음악을 지고지순함의 극치로 승화시키는 데 성공했다. 그리고 초인적인 기교를 바탕으로 피아노 연주사에 있어서 새로운 이정표를 장식하면서도 기품을 잃지 않았던 오스카 피터슨을 떠올려보면 키스 자렛은 정치적으로 표현한다면 '양극단의 정점에서 합의를 이끌어내어 만든 기적'으로 규정될 수 있을 것 같다.

　재즈 음악과 클래식 음악을 결합시키려고 했던 수많은 실험이 있었다. 모리스 라벨과 이고르 스트라빈스키, 그리고 조지 거슈윈 등이 재즈 음악과 클래식 음악을 융합하기 위해서 실험했던 대표적인 인물들로 회자되고 있지만 조금 더 치밀한 방법으로 재즈 음악과 클래식 음악의 결합을 시도했던 인물들로는 미국에는 모턴 굴드(Morton Gould)가 있었고 '철의 장막' 안의 소련에는 알렉산더 츠파스만(Alexander Tsfasman)이 있었다. 모턴 굴드의 〈Prelude and Toccata〉와 〈Boogie Woogie Etude〉, 그리고 알렉산더 츠파스만의 '재즈 모음곡' 〈Snowflakes〉은 재즈 음악과 클래식 음악의 성공적인 융합을 증명해주는 가장 대표적인 작품들이다. 그리고 재즈 음악 양상을 클래식 음악의 다양한 형식과 접목했던 니콜라이 카푸스틴까지 재즈 음악과 클래식 음악의 결합을 위한 실험은 실로 광범위하게 이루어졌다. 작곡 기법이 완전하게 다른 언어로 이루어진 재즈 음악과 클래식 음악 사이에서 놀랍게도 키스 자렛은 연주자로서 두 음악 사이의 경계선을 넘나들었다. 완전히 다른 연주 기법을 요구하는 두 음악 사이의 경계선은 키스 자렛의 연주에 의해 완전히 허물어져 버렸다. 클래식 피아니스트로서도 다양한 리코딩과 연주를 하며 자신만의 색깔을 드러냈던 키스 자렛은 '즉흥 연주를 주로 하는 재즈 피아니스트가 과연 텍스트를 온전히 드러내며 음악을 잘 전달할 수 있을까?' 하고 우려의 시선으로 그를 바라봤던 수많은 이들을 자신만의 해석으로 설득시키는 데 성공한 진정한 아티스트였다.

바흐와 헨델에서부터 사무엘 바버와 벨라 바르톡까지 클래식 피아니스트로서 그의 레퍼토리는 결코 좁지 않았다. 특히 바흐의 평균율 1, 2권 전곡 음반과 쇼스타코비치의 24개의 프렐류드와 푸가 음반은 폴리포니에 대한 그의 시각을 잘 포착한 귀중한 자료이다. 한편 칙 코리아와 함께 호흡을 맞췄던 모차르트의 두 대의 피아노를 위한 협주곡 K.365 연주는 큰 화제가 되기도 했다. 수많은 명연과 명반을 탄생시키며 사람들의 입에 회자되었던 그의 모습을 떠올려보면 재즈 피아니스트로서의 키스 자렛을 평가하고 그의 음반들을 거론하는 것은 무의미하게 느껴진다. 그래도 특히 인상적이었던 몇몇 장면들이 떠오른다. 지극히 단순하면서도 결코 단조롭지 않았던 라 스칼라에서의 〈Over the Rainbow〉 연주와 2002년 도쿄에서 〈Danny Boy〉를 연주하던 그의 모습은 가슴이 벅찰 정도로 감동적이었다.

미야시타 나츠, 『양과 강철의 숲』

: 문학에서 울리는 음과 소리들

　사람들에게는 각각의 시각이 있으므로 하나의 사물이나 현상에서 느낄 수 있는 감정들 역시 다양하다. 특히 영화나 문학 작품을 대할 때 작품을 받아들이는 이의 성향에 따라서 해석의 방향이 어긋나기도 하며 취향에 따라 해석에 대한 호불호가 심하게 갈리기도 한다. 음악을 대했을 때에도 마찬가지이다. 한 연주자의 연주를 듣고 어떤 이들은 감동을 받지만 더러는 접했던 해석에 동의하지 않는 표정을 지어보이기도 한다.

　스뱌토슬라프 리흐테르와 알프레드 브렌델이 연주한 슈베르트의 피아노 소나타들을 비교하여 들어보면 해석의 다양성이라는 관점에 대해서 다시 생각하게 되는 계기가 마련될 수 있다. 이 위대한 두 명의 피아니스트가 음악을 바라보는 시선은 매우 다르다. 아주 대표적인 예로 슈베르트의 피아노 소나타

D.840 연주와 D.960 연주에서의 분명한 차이를 들 수 있다. 그 누구도 이 피아니스트들을 악보에 충실하지 않은 해석을 하는 피아니스트로 분류할 수 없을 것이다. 그들은 개성이라는 명분으로 음악을 훼손하는 연주를 하는 부류와는 거리가 먼 인물들이었으며 누구보다 음악을 깊이 연구하며 악보에 충실한 음악을 전달하기 위해 평생을 바친 아티스트들이었다. 리흐테르와 브렌델이 슈베르트를 바라보는 관점은 확연하게 달랐다. 템포는 말할 것도 없고 반복구에 대한 그들 나름의 판단 또한 완전히 달랐다. 리흐테르가 모든 반복구들을 이행했던 반면 브렌델은 반복구들을 과감하게 잘랐다. 리흐테르는 작곡가가 적어놓은 이상, 악보에 제시된 모든 반복구들은 반드시 이행해야 한다는 철학을 가졌던 대표적인 인물이었던 반면에 브렌델은 그의 책 『아름다운 불협음계』에서 반복구를 빠짐없이 이행하려는 경향을 강박적 사고로 기술했을 만큼 그들이 음악을 바라보는 시각은 판이하게 달랐다. 악보에 가장 충실한 연주를 했던 이들의 연주가 완전하게 다른 해석을 보이는 것도 이와 무관하지 않다. 중요한 것은 악보에 충실한 이후에 비로소 해석을 논할 수 있다는 것이다.

    같은 피아노로 10명의 피아니스트가 연주를 할 때에는 똑같은 피아노이지만 피아노 음색과 소리의 질감 모두가 다르다. 손의 모양과 신체의 특성이 모두 다르기 때문이다. 마찬가지로 미야시타 나츠의 소설 『양과 강철의 숲』을 읽는 모든 이들에게 문장을 통하여 전달되는 음과 소리들은 각각 다르게 울릴 것이다. 이 소설 속의 조율사들이 추구했던 음과 소리들이 모두 각각의 개성을 가지고 울렸듯이 말이다. 노련한 조율사 이타도리가 조율한 피아노 소리를 듣고 조율사가 되기로 결심한 도무라가 조금씩 차근차근 자신의 소리를 찾아가면서 발견했던 다양한 음색의 피아노 소리들 또한 이 작품을 읽는 독자에게는 각각 다른 음색으로 울릴 것이다.

일본의 문학, 영화, 만화, 요리 등에는 일본인들이기에 가능한 편집증에 가까운 섬세함과 고집스러운 장인정신이 깃들어 있다. 이 작품 안에 스며들어 있는 음악적인 색채는 작품을 다 읽은 후에도 짙게 느껴질 만큼 진하다. 소리를 발산하는 문학작품을 만난 감동은 남다르다. 음악적인 문학을 통해 발견할 수 있는 문장 속의 리듬들이 아직까지 귓속을 맴도는 것 같다. 이 책은 단순한 문학작품이 아니다. 주위에서 흔히 발견할 수 있는 책도 아니다. 이 책은 '책을 읽은 후의 감동과 기쁨을 간직하면서 살아간다면 얼마나 음악적인 삶을 만들어 갈 수 있을까?' 하고 스스로에게 물어볼 수 있게 하는 남다른 가치를 지닌 책이라고 감히 말할 수 있다.

레프 오보린

현대 러시아 피아노 학파의 틀을 제시했던 레프 오보린(Lev Oborin, 1907~1974)은 많은 이들에게 어떻게 기억되고 있을까? 아마 바이올리니스트인 다비드 오이스트라흐, 첼리스트인 스뱌토슬라프 크누셰비츠키와의 트리오 멤버로 기억되고 있거나 절친한 동료이자 친구였던 다비드 오이스트라흐의 반주자로 각인되어 있을 것이다. 하지만 그는 앙상블리스트로서뿐만 아니라 독주자로서, 협연자로서, 작곡가로서, 그리고 교육자로서 활발히 활동했는데 음악가로서 그는 항상 엄격했다. 그의 엄격함은 그가 연주하는 작품들의 해석과 그의 인간적인 면모에서도 그대로 드러났다. 연주자로서의 그는 자의적인 작품 해석을 멀리했고, 극단적인 템포 설정과도 거리가 먼 연주자였다. 그는 항상 작곡가의 의도와 악보 안에 담긴 텍스트의 정확한 전달을 중요시했는데 그런 경향은 그가 받았던 음악교육의 영향이라고 보면 된다. 그는 모스크바 그네신 음악학교의 저명한 교사였던 옐레나 그네시나에게 엄격하고 체계적인 교육을 받은 이후 모스크바 국립 음악원에 입학하여 알렉산더 스크랴빈과 세르게이 라흐마니노프의 동문이자 조력자였던 콘스탄틴 이굼노프에게 가르침을 받으며 스승으로부터 위대한 러시아 피아노 학파의 전통을 물려받게 된다.

레프 오보린은 1927년에 폴란드의 바르샤바에서 열린 제1회 쇼팽 국제 콩쿠르에 참가하여 우승을 차지했다. 소비에트 당국은 음악을 통해서 체제의 우월성을 드러내고자 혹독한 내부 심사를 거쳐서 선별된 음악가들을 국제 콩쿠르에 참가시켰다. 국제 콩쿠르에서의 성공적인 결과는 소비에트체제의 홍보 수단으로 이용되었는데 레프 오보린은 그런 환경을 거쳤던 1세대 음악가들 중의 한 명이었다. 쇼팽 국제 콩쿠르에서의 그의 인상적인 연주는 폴란드의 대표적인 작곡가였던 카를 시마놉스키에게 깊은 인상을 남겼고 그에게서 극찬을 이끌어내기도 했다.[1]

쇼팽 국제 콩쿠르에서 우승한 이후에는 활발한 연주 활동을

---

[1] 제1회 쇼팽 국제 콩쿠르에 레프 오보린과 함께 참가했던 인물들 중에는 훗날 소련의 대표적인 작곡가로 성장하게 되는 드미트리 쇼스타코비치와 저명한 피아니스트이자 교육자로 명성을 떨치게 되는 그리고리 긴즈부르크 등이 있었다.

하는 동시에 모교인 모스크바 국립 음악원에서 교수로 재직하게 되는데, 교편을 잡았을 때부터 본격적으로 시작된 음악가로서의 활동은 그가 사망할 때까지 계속하여 이어지게 된다. 엄격하고 냉철한 교육자였던 그는 주목할 필요가 있는 제자들을 길러냈다. 그의 제자로는 블라디미르 아쉬케나지와 모스크바 국립 음악원의 교수였고 낭만주의 음악 해석에 탁월했던 미하일 보스크레센스키, 그리고 1968년에 열린 퀸 엘리자베스 국제 콩쿠르에서 17살의 나이로 우승했던 예카테리나 노비츠카야[2] 등이 있다.

앙상블리스트로서의 그의 모습을 발견할 수 있는 음반들은 쉽게 접할 수 있는 반면에 솔리스트로서, 협연자로서 그의 진면목을 발견할 수 있는 음반들은 구하기가 쉽지 않다. 그의 독주 음반이나 협연 음반을 어렵사리 손에 쥐더라도 음반을 감상하기에는 상당한 인내심을 요구하는 열악한 음질과 대면할 수밖에 없다. 바로 그러한 점들이 젊은 세대들에게는 그가 탁월한 앙상블리스트로서만 기억되는 결과를 초래했다.

음반으로 접할 수 있는 그의 대표적인 명연들 중에서는 고전

---

[2] 아쉽게도 예카테리나 노비츠카야는 사람들의 기억 속에서 거의 잊혀졌지만 이 천재 소녀가 젊은 시절 녹음한 음반들에 담겨 있는 연주는 깊은 여운을 남긴다.

주의자로서의 모습을 발견할 수 있는 베토벤의 피아노 소나타 No. 2, No. 14 〈월광〉 소나타, No. 26 〈고별〉 소나타, No. 31 연주와 다비드 오이스트라흐가 지휘자로서 반주를 해준 모차르트의 피아노 협주곡 No. 20 연주가 인상적인데 이 작품들의 연주에서 발견할 수 있는 구슬처럼 흘러가는 유연한 터치는 가히 인상적이다. 피아노 파트를 완벽하게 습득하여 다비드 오이스트라흐와 빈틈없는 앙상블을 들려준 베토벤의 바이올린 소나타 전곡 녹음은 고전주의자로서의 오보린이 남긴 기념비적인 업적이다. 또한 레프 오보린 자신에게 헌정되었고 자신이 직접 초연하였던 아람 하차투리안의 피아노 협주곡의 연주는 반드시 들어보아야 할 가치를 가지고 있다. 압도적인 스케일을 보여준 무소르그스키의 〈전람회의 그림〉 녹음에서는 거장으로서의 면모가 여실히 드러나고 있으며 알렉산더 가우크와 협연한 라흐마니노프의 피아노 협주곡 2번 음반과 콘스탄틴 이바노프와 협연한 라흐마니노프의 피아노 협주곡 3번 음반 등도 그가 남긴 소중한 유산이다.

음악가로서의 그는 항상 엄격했지만, 그가 남긴 음반들에서는 마치 피아노로 노래를 하는 것 같은 너무나도 유연하고 자연스러운 레가토를 일관되게 발견할 수 있는데 이는 그가 인간으로서의 부드러움 역시 가지고 있었던 것을 증명해준다.

에밀 길렐스

소비에트 사회주의 공화국 연방이 설립된 후 소련 국적의 피아니스트로서는 최초로 대서양을 건너가 미국에서 연주했고, 다른 피아니스트들에 비해 서방세계에서의 연주 활동을 자유롭게 보장받았던 에밀 길렐스(Emil Gilels, 1916~1985)는 소련 당국이 체제를 대표하는 모범적인 케이스로 자랑했던 인물이었으며 소비에트 연방의 혹독하면서도 세밀하며 체계적인 교육방식과 타고난 음악적 재능이 성공적으로 결합되어 만들어진 음악가였다. 그는 다른 피아니스트들의 터치와는 확연하게 구별되는 '강철 터치'뿐만 아니라 듣는 이의 귀를 의심케 할 정도의 정교하고도 세밀한 피아니시모를 바탕으로 큰 테두리 안에서 작품의 전달 방식을 구상했고, 작품이 가지고 있는 성격과 음악의 흐름을 막힘없고 거침없이 직선적인 방식으로 전달했다. 실제로 그의 실황 녹음들에서는 미스터치가 자주 발견되지만 그가 구상했던 전체적인 작품의 큰 틀 안에서는 사소한 실수가 음악의 흐름을 방해하지는 못했다.

스뱌토슬라프 리흐테르와 함께 러시안 피아니즘을 대표하는 인물로 거론되며, 살아생전에는 물론이고 지금도 끊임없이 한 살 연상의 리흐테르와 비교되는데① 그들의 레퍼토리들을 자세히 살펴보면 교묘하게 서로의 영역을 피해 가고 있는 듯한 인상을 받게 된다. 그럼에도 불구하고 그들이 연주했던 레퍼토리들이 겹치는 경우도 발견되는데 연주를 통해서 음악에 대한 그들의 접근법이 두 사람이 걸어왔던 삶만큼이나 다르다는 것을 알 수 있다. 길렐스가 스승인 겐리흐 네이가우즈와 사실상 절연한 이후 길렐스와 리흐테르와의 사이도 틀어져서 서로 인사조차 하지 않는 지경까지 갔지만 작품 해석에 대한 서로의 존중은 변함없이 유지되었다.

어린 시절에 야콥 트카치와 베르타 라잉발트에게 교육을 받으며 일찍 음악적인 재능을 나타냈던 길렐스가 본격적으로 이름을 알린 것은 1933년에 열린 전 소련 콩쿠르에서 우승을 하면서였다. 당시 그가 연주했던 리스트 편곡의 모차르트 〈피가로

---

① 리흐테르와 길렐스는 모두 모스크바 국립 음악원에서 겐리흐 네이가우즈에게 가르침을 받았다.

의 결혼〉은 많은 이들에게 깊은 인상을 남겼다. 그리고 1936년에는 빈 국제 음악 콩쿠르에서 2위에 입상을 했고, 1938년에는 퀸 엘리자베스 국제 콩쿠르에서 우승하며 국제적으로도 이름을 알리게 된다.②

길렐스는 다부진 체구와는 어울리지 않게 실제로는 굉장히 예민한 감성의 소유자였다. 한 아이의 어머니가 길렐스 앞에서 자신의 아이에게 '이분이 우리나라에서 가장 위대한 피아니스트인데 누군지 아니?' 하고 물었을 때 그 아이가 '리흐테르!'라고 대답하는 소리를 듣고 문을 쾅 닫고 자리를 떴을 만큼 그는 자존심이 강했고 말 한마디에도 쉽게 상처받기 쉬운 성격을 가지고 있었다. 한때 스승인 겐리흐 네이가우즈에게 '그 누구에게도 내가 당신의 제자라고 말하지 말아주십시오.'라는 내용이 담긴 편지를 보내서 두 사람의 불화가 드러났지만 사실 제2차 세계대전 중에 핏줄이 독일계라는 이유로 감옥에 갇혔던 스승의 석방을 위해서 가장 헌신적으로 노력했던 사람은 바로 길렐스였다.

그의 대표적인 명연들 중에서 특히 여러 지휘자와의 녹음들이 남아 있는 차이콥스키의 피아노 협주곡 1번 해석은 주목할

---

② 사실 리흐테르가 출현하기 전까지 길렐스의 라이벌은 야콥 플리예르였는데 플리예르가 빈 국제 음악 콩쿠르에서 우승할 당시 길렐스는 2위에 입상했고, 길렐스가 퀸 엘리자베스 국제 콩쿠르에서 우승할 당시 플리예르는 3위에 입상했다.

만하다. 그도 그럴 것이 이 작품의 연주에서 길렐스는 말 그대로 물 만난 물고기처럼 느껴진다. '길렐스를 위해 만들어진 작품이 아닐까?'라는 생각이 들 정도이다. 길렐스의 트레이드마크이자 그가 퀸 엘리자베스 국제 콩쿠르 결선에서 연주했던 이 작품의 음반들 중에서는 프리츠 라이너와 로린 마젤, 그리고 주빈 메타와의 연주가 특히 뛰어나다. 브람스의 피아노 협주곡 전곡 해석 또한 뛰어나다. 오이겐 요훔 지휘하의 베를린 필하모닉 오케스트라와 협연한 녹음은 오케스트라의 역할에 대해서는 논란이 있기는 하지만 그래도 무시하기 힘든 매력을 가지고 있다. 조지 셀과 함께 녹음한 베토벤 피아노 협주곡 전곡 연주도 훌륭하다. 잘츠부르크 페스티벌 데뷔 연주가 담긴③ 조지 셀 지휘하의 빈 필하모닉 오케스트라와 협연한 베토벤의 피아노 협주곡 3번 실황 녹음에는 당시 청중들이 느꼈던 신선한 충격이 생생하게 포착되어 있다.

베토벤 피아노 소나타 전곡 녹음의 완성을 눈앞에 두고 세상을 떠나는 바람에 미완의 프로젝트가 되기는 했지만 그가 남긴 베토벤 피아노 소나타 녹음들은 많은 의미를 가지고 있다. 길렐스는 엘리 나이, 빌헬름 박하우스, 빌헬름 켐프 등 독일 출신의

---

③ 조지 셀과 협연한 길렐스의 잘츠부르크 데뷔 연주회는 조지 셀의 잘츠부르크 고별 연주회이기도 했다.

연주자들이 제시한 베토벤 접근법과는 다른 새로운 패러다임을 제시했고, 피아노 학파를 떠나서 길렐스가 제시한 베토벤 접근법이 현대 피아니스트들에게 좋은 본보기가 되었다는 사실은 부정할 수 없다. 특히 〈발트슈타인〉 소나타와 〈해머클라비어〉 소나타의 해석은 쉽게 잊을 수 없는 설득력을 가지고 있다.

'강철 터치'로 유명한 길렐스가 자신의 내면에 조심스럽게 숨겨두고 있던 서정성을 극대화시켜 세심하게 연주한 그리그의 〈서정 소품집〉 연주 역시 언급하지 않을 수 없다. 그는 '살롱 음악'으로만 인식되던 그리그의 작품들에 품격을 더하여서 단순한 소품으로 치부되던 그리그의 〈서정 소품집〉의 음악적 위상을 격상시켰다.

모스크바 국립 음악원에서 교수로 재직하며 이고르 주코프와 발레리 아파나시예프 등의 제자들을 길러냈고, 차이콥스키 국제 콩쿠르(제1회 1958, 제2회 1962, 제3회 1966, 제4회 1970) 피아노 부문의 심사위원장으로 활동하면서 재능 있는 음악가들의 발굴에도 관심을 가졌던 길렐스는 1985년에 사망했지만, 그는 남아 있는 녹음들을 통해 많은 피아니스트들에게 음악의 틀 안에서 피아니즘의 새로운 가능성을 지금도 끊임없이 제시하고 있다.

야콥 플리예르

　레프 오보린과 함께 콘스탄틴 이굼노프 피아노 계보를 대표하는 야콥 플리예르(Yakov Flier, 1912~1977)는 뛰어난 교육자로 잘 알려져 있다. 그의 제자로는 쇼팽 국제 콩쿠르 우승자인 벨라 다비도비치, 콘서트 연주자뿐만 아니라 교육자로서도 이름을 떨친 레프 블라센코, 작곡가이자 피아니스트인 로디온 셰드린, 명지휘자 겐나디 로제스트벤스키의 아내이자 낭만주의 음악 해석에 탁월했던 빅토리야 포스트니코바, 롱 티보 국제 콩쿠르 우승자들인 블라디미르 펠츠만과 미하일 루디, 차이콥스키 국제 콩쿠르 우승자인 미하일 플레트네프 등이 있다. 그는 제자들이 가지고 있는 개성과 창의성을 존중했고 개성에 의해서 손상되기 쉬운 음악의 틀을 지켜내면서도 제자들의 내면에 잠재되어 있던 재능을 최대한으로 이끌어 내었다. 그렇기 때문에 그의 제자들은 상반된 개성과 연주 스타일을 가지고 있다.

플리예르는 손 부상 때문에 피아니스트로서 비교적 이른 시기에 활발했던 연주 활동을 접고 모교인 모스크바 국립 음악원에서 교편에 몰두했다. 교편을 잡기 전인 1930년대의 플리예르는 에밀 길렐스와 함께 빈 국제 콩쿠르와 퀸 엘리자베스 국제 콩쿠르에서 서로 경쟁을 하며 우승을 주고받았을 만큼 뛰어난 비르투오소였다. 손 부상으로 인한 공백을 깨고 다시 무대에 서기까지는 오랜 시간이 걸렸지만 다시 청중들에게 돌아와서 들려준 강렬한 피아니즘은 지금도 많은 이들에게 회자되고 있다. 그는 낭만주의 피아니스트 계통에 속했으며 피아니스트로서의 그의 노선은 그의 레퍼토리들이 잘 증명해준다. 특히 슈만, 쇼팽, 리스트, 라흐마니노프 해석에 일가견이 있었는데, 그중에서도 리스트의 피아노 소나타 B 단조와 라흐마니노프의 피아노 협주곡 3번은 그의 트레이드마크였다.

라이벌이었던 길렐스와 달리 플리예르는 어린 시절부터 특출한 재능을 보이는 분더킨트(흔히 신동으로 불리는 부류)는 아니었다. 실제로 그는 알렉산더 비친스키와의 대담에서 자신은 학창 시절에 평범한 학생이었다고 스스로 밝히기도 했다. 사실 플리예르는 모스크바 국립 음악원에 입학한 후 곧바로 콘스탄틴 이굼노프의 클래스에서 공부하지 못했는데, 그 이유는 골덴바이저나 이굼노프와 같은 저명한 교수들과 공부하기에는 실력이 부족했기 때문이었다. 그래서 그리고리 프로코피예프와 세르게이 코즐롭스키 등에게서 교육을 받은 다음에 이굼노프의 클래스에 들어갔다. 학창 시절에 그는 음악보다는 축구와 테니스, 그리고 탁구 같은 스포츠에 더 관심을 가졌는데 특히 탁구에 너무 열중한 나머지 코즐롭스키와 공부하던 시절에는 전공수업을 한 해 동안에 두세 번 들어갔고 그 외의 수업은 아예 참석을 하지 않았기 때문에 퇴학을 당할 뻔했다.

콘스탄틴 이굼노프와의 만남은 플리예르에게 음악과 피아노에 대하여 진지하고 깊이 있게 생각하게 되는 계기를 마련해주었다. 그는 이 위대한 교육자와의 공부를 통해서 피아노 음색의 성질, 페달링, 루바토, 작품의 형식 등을 집중적으로 배웠으며 피아노 연주에 대한 전반적인 이해를 얻게 되었다. 음악원 졸업을 앞두고 플리예르는 이굼노프에게 라흐마니노프의 피아노 협주곡 3번을 공부하고 싶다는 의견을 피력했지만 스승은 이 곡이 피아노곡 중에서 가장 어려운 작품이라는 이유를 들면서 거의 무시하는 반응을 보였다. 하지만 제자는 한 달 내내 스승에게 라흐마니노프의 협주곡을 공부하게 해달라고 간청을 했다. 이에 질세라 이굼노프는 플리예르에게 '그 협주곡을 너와 함께 공부하지 않을 것이며 넌 그 작품을 연주하지 못할 거야'라고 말했다. 심지어 스승으로부터 '차라리 다른 교수와 함께 라흐마니노프의 협주곡을 공부해라'는 말까지 듣게 되었지만 자식을 이기는 부모가 없듯이 이굼노프도 마지못해 허락을 했다. 이굼노프는 일단 1악장을 공부하게 했고 다른 악장들의 연주 여부는 1악장을 들은 다음으로 미루었다. 플리예르가 처음으로 라흐마니노프의 피아노 협주곡 3번의 1악장을 이굼노프와의 수업에서 연주를 했을 때, 연주가 끝난 후 스승은 제자에게 2악장과 3악장도 연주해보게 했다. 모든 악장의 연주가 끝나자 이굼노프는 교실 밖으로 나가서 오랫동안 들어오지 않았다. 전혀 기대하지 않은 일이 일어났기 때문이었는지 아니면 이제는 만날 수 없는 동료에 대한 그리움[1] 때문이었는지는 이굼노프만이 알겠지만 교실 밖으로 나간 이굼노프가 한동안 눈물을 흘렸다는 일화는 너무나도 유명하다.

피아니스트로서 플리예르에게 많은 영향을 준 인물들로는 에곤 페트리, 로베르트 카자드쉬, 아르투르 루빈스타인 등이 있는데 그는 학창 시절에 그들의 연주회에 참석하여 깊은 감명을 받았다. 자국의 피아니스트들 중에서 그에게 영향을 미쳤던 인물들로는 스승인 콘스탄틴 이굼노프, 레프 오보린, 그리고 블라디미르 소프로니츠키 등이 있는데 그들의 연주회에는 거의 **빠짐없이** 참석했을 정도로 그들의 연주에 큰 애착을 가졌고 그들로부터 많은 영향을 받았다.

---

[1] 이굼노프는 라흐마니노프와 동문이었고 이 위대한 작곡가의 조력자였다. 실제로 이굼노프는 라흐마니노프의 난곡인 피아노 소나타 1번의 초연을 맡기도 했다.

음반들을 통해서 만날 수 있는 플리예르의 명연들 중에서 가장 인상적인 것으로는 키릴 콘드라신 지휘하의 모스크바 필하모닉 오케스트라와 협연한 하차투리안의 피아노 협주곡 연주를 들 수 있다. 콘드라신의 억양이 강한 반주 위에 플리예르의 강력한 타건과 직선적이면서도 막힘없는 연주가 적절하게 조화를 이루어 이 작품의 가장 뛰어난 해석이 만들어졌는데 이 녹음은 비르투오소로서의 플리예르의 모습을 엿볼 수 있는 귀중한 기록이다. 또 다른 명연으로는 카발렙스키의 24개의 프렐류드 전곡 연주가 있는데, 작품의 핵심을 명료하게 드러내는 모습이 인상적이다. 특히 빠른 패시지들의 처리는 소름이 끼칠 만큼 정확하면서도 민첩하고 또한 작품 전체에 걸쳐서 플리예르의 장점들이 생생하게 잘 포착되어 있다. 보리스 하이킨, 레너드 번스타인과 협연한 두 가지 버전의 라흐마니노프의 피아노 협주곡 3번 녹음들은 러시안 피아니즘이 무엇인지를 플리예르가 연주를 통해서 분명하게 정의했다는 점에서 반드시 언급되어야 하는 소중한 유산이다.

쇼팽의 피아노 소나타 2번 연주와 슈만의 〈환상곡〉 연주에서는 낭만주의 음악에 대한 그의 통찰력이 잘 드러난다. 그의 트레이드마크였던 리스트의 피아노 소나타 B 단조 녹음이 존재하지 않아서 아쉬움을 자아내는데 플리예르의 제자였던 레프 블라센코 역시 플리예르의 리스트 피아노 소나타 녹음을 아무리 찾아봐도 발견할 수 없었다고 언급하며 아쉬움을 토로한 바 있다. 플리예르가 젊은 시절 리스트의 피아노 소나타를 연주하는 짧은 영상이 남아 있기는 하지만 아쉬움을 달래기에는 무리가 있다. 플리예르가 남긴 기념비적인 업적인 쇼팽의 마주르카 전곡 녹음은 그가 사망하기 직전에 완성된 것으로 그의 유언이나 다름없는 이 기록 속에는 진한 피아노 음색을 위주로 꾸밈없이 관조적으로 작품을 대하는 그의 모습이 담겨 있는데 죽음 앞에서도 담담하게 삶과 음악을 대하는 플리예르의 모습이 인상적이다.

러시아 피아니스트들을 논할 때 흔히 계보를 따지는데, 이는 시대를 거슬러 올라가는 전통과 관련이 있다. 러시안 피아니즘의 기둥에 속하는 알렉산더 골덴바이저와 콘스탄틴 이굼노프는 라흐마니노프를 길러냈던 알렉산더 질로티에게 교육을 받았기 때문에 골덴바이저 계보와 이굼노프 계보에 속하는 피아니스트들은 베토벤까지 거슬러 올라가는 무시하지 못할 전통을 가지고 있다고 할 수 있다. 베토벤과 연결된다는 이유로 러시아 피아노 학파를 무분별하게 추종해서는 안 되지만 질로티가 프란츠 리스트의 제자였고, 리스트는 체르니의 제자였고, 체르니는 베토벤의 제자였던 역사적인 연결고리가 분명히 존재한다는 사실은 부정할 수 없다. 그런 의미에서 야콥 플리예르는 위대한 전통을 계승받았던 20세기의 가장 인상적인 낭만주의 피아니스트였다고 할 수 있다.

두 편의 흑백 영화, 그리고 내면의 울림

: 영화를 통하여 상기된 음악들

　와카오 아야코가 주연을 맡은 일본의 흑백 영화 〈게이샤〉(1953)와 최은희 씨가 주연을 맡은 신상옥 감독의 흑백 영화 〈사랑방 손님과 어머니〉(1961)는 좋든 싫든, 자의든 타의든 보수적인 시대를 살았던 여성들이 받아들여야만 했던 시대의 흐름과 봉건적인 남존여비의 관습을 거스를 수 없었던 여성들에게 요구되었던 사회적 흐름을 고스란히 보여준다. 젠더폭력이 일상화된 사회와 페미니즘이 사회적 이슈로 대두되며 특히 논쟁의 중심이 되어 있는 현재를 객관적으로 바라보고 불합리한 사회를 성찰하기 위해서는 과거를 돌아볼 필요가 있다. 과거로 타임머신을 타고 돌아갈 수는 없지만, 문학이나 영화를 통하여 한 시대의 흐름을 읽을 수는 있다. 예술작품은 한 시대를 반영하기도 하고 시대의 자화상이 될 수도 있기 때문이다.

작곡가 윤이상 선생의 4번 심포니의 제목은 〈암흑 속에서 노래하다〉이다. 유독 봉건적이고 남성 우월주의적인 동아시아에서는 여성이 주체적인 사회구성원으로서 활동하는 것이 사실상 어려웠다. 남존여비적인 풍조가 만연했던 시대에 여성의 사회 진출은 사실상 막혀 있었고 그렇기 때문에 극한의 상황에 처한 많은 여성들이 생계와 가족 부양을 위하여 매춘업에 종사하게 되었다. 일본의 게이샤문화와 한국의 기생문화도 그런 동아시아 여성들의 절규와 희생의 산물이라 할 수 있다. 지금도 동남아시아의 개발도상국에서는 많은 여성들이 열악한 노동환경에 노출되어 있으며 어쩔 수 없이 생계를 유지하기 위해 매춘업에 종사하며 소위 '기생관광'에 이용당하고 있다. 독특한 사회구조 안에서 억압받고 희생을 강요당해야만 했던 아시아의 모든 여성들을 위하여 윤이상 선생은 자신의 4번 심포니를 작곡하였다. 억압받고 고통받았던 모든 아시아 여성에게 바쳐진 이 작품 안에는 작곡가의 동정과 위로의 메시지가 고스란히 담겨 있다.

영화 〈게이샤〉는 여성들이 게이샤로서의 길을 선택할 수밖에 없었던 시대상을 단적으로 보여주고 있으며 남성 지배적인 사회에서 게이샤로 살아가며 감당해야만 했던 환경을 사실적으로 잘 전달해주고 있다. 어느 문화권에서나 '기녀'로 불리는 이들은 많은 사람들의 색안경의 대상이었고 불편한 시선을 감내하며 살아가야만 했다. 영화 〈게이샤〉는 기녀들도 지조와 온정을 품고 살아갈 수 있다는 것을 담담하게 그려내고 있다.

신상옥 감독과 최은희 씨의 사랑은 영화만큼이나 극적이었고 격정의 연속이었다. 북한에 의하여 강제 납치되었다가 남한으로 다시 탈출하였던 독특한 이력을 기억해본다면 이들의 사랑이 결코 평범하지 않았다는 사실을 미루어 짐작할 수 있다. 신상옥 감독, 최은희 주연의 브랜드 가치로서도 충분히 구미를 당기는 흑백 영화 〈사랑방 손님과 어머니〉는 과거 한국사회의 관념과 사회적 시각을 고스란히 필름을 통하여 전달해주고 있다. 그리고 오래전의 한국사회를 영상을 통하여 발견할 수 있기 때문에 정답게 느껴진다. 이 영화에는 쇼팽의 음악이 꾸준하게 울리고 있으며 몇몇 작품은 관현악 편곡이 되어서 영화 속에 수록되어 있다.

'천재'로 불리는 쇼팽에게도 아킬레스건이 있었는데 그것은 바로 오케스트레이션이었다. 쇼팽은 교향악과는 거리가 먼 인물이었으며 동시대의 작곡가인 슈만이나 멘델스존과는 달리 작곡가로서 중요한 심포니를 남기지 않았다. 특히 쇼팽이 남긴 피아노 협주곡들의 빈약한 오케스트라 파트는 항상 논쟁거리였고 그렇기 때문에 다양한 시도들이 있었다. 가장 최근에는 미하일 플레트네프가 쇼팽의 피아노 협주곡들의 오케스트라

파트를 편곡하여 다닐 트리포노프를 반주해준 음반이 출반되었고 키릴 콘드라신은 지휘자로서 그의 강하고 독특한 억양을 바탕으로 쇼팽의 피아노 협주곡의 미미한 오케스트라 파트에 새로운 가능성을 제시하기도 했다. 가장 괄목할 만한 성과로는 크리스티안 치메르만이 폴란드 페스티벌 오케스트라를 조직하여 직접 지휘와 독주를 맡은 음반을 들 수 있는데 음악 전체를 통하여 존재감이 그리 부각되지 않았던 쇼팽의 피아노 협주곡들의 오케스트라 파트에서 치메르만은 놀라울 정도로 장대하고 풍성한 울림을 뽑아내었다.

다양한 영상예술작품을 접할 때마다 느끼는 것이지만 확실히 흑백 영화는 감동적인 명연을 담고 있는 오래된 모노 음반을 연상시킨다. 그리고 컬러 영화는 스트레오 음반을 연상시키고, HD는 디지털 스트레오 음반을 연상시킨다. 이미 제작이 된 지 반세기가 훌쩍 넘은 이 두 편의 흑백 영화에서는 지금 이 시대가 제시해주지 못하는 울림을 발견할 수 있는데 영화를 통해서 전달되는 고색창연한 소리는 어쩌면 테크놀로지의 과도한 발달로 인한 지나친 양과 질의 풍요를 누리고 있는 지금 현재에 대한 경종이 될 수도 있지 않을까? 라는 생각을 하게 만든다. 화려하지 않아도 충분히 감동적일 수 있다. 영화 〈시인의 사랑〉(2017)을 보고 생각했던 것을 이 두 편의 영화를 보고 나서 다시 되새겨본다.

조용한 내면의 울림이
때로는 가장 강렬한 클라이맥스가 될 수도 있다.

<백야행-하얀 어둠 속을 걷다>(2009)

: 영화가 발산한 음악의 현상과 흐름

영화 <백야행>은 많은 감정선들이 끊임없이 교차하면서 하나하나의 장면들을 만들어 나가고 있다. 그렇기 때문에 관객의 입장에서는 배우를 통해서 전달되는 감정과 영화의 흐름을 통해서 드러나는 인간 내면의 심리를 쉽게 예측하기 어렵다. 그리고 영화의 장면들이 발산하고 있는 색이 양면성을 가지고 있기 때문에 심리적인 혼란을 느낄 수 있다. 이 영화를 시청하는 동안 영화를 통하여 전달되는 밝고 어두운 두 가지의 상반된 색깔의 성격을 확실하게 정의할 수 없는 것도 바로 영화에서 끊임없이 드러나는 색의 양면성 때문이라고 할 수 있다.

슈베르트의 피아노 소나타 D.959에서는 장조와 단조가 끊임없이 교차하면서 음악을 이루어 나가고 있다. 밝음과 어두움으로 정의되는 조성의 성격들이 서로 양면성을 가지고 연속적으로 충돌하고 있기 때문에 청자들은 곡이 끝나는 시점까지 심리적인 긴장을 늦출 수 없다. 음악을 통해 발산되는 분위기가 밝지만 밝다고 할 수 없는 이유와 때로는 어두운 색을 드러내고 있지만 어둡다고 정의 내리기 힘든 이유는 이 소나타를 구성하고 있는 양면성, 즉 작품이 내포하고 있는 색의 양면성에 있다고 할 수 있다.

러시아의 작곡가 알렉산더 스크랴빈은 하얀색과 검은색을 대표하는 선과 악의 개념을 이분법적으로 규정하지 않았다. 그는 선과 악을 동등한 위치에서 바라보았으며 악의 개념을 인간을 이루고 있는 가장 중요한 요소로 인식하면서 악을 성스러운 것으로 여겼고 악의 요소를 신성한 위치로 격상시키며 악을 미화하기도 했다. 그의 음악을 통해서 드러나는 악의 미화는 때로는 두려움마저 느끼게 한다. 실제로 스크랴빈의 음악을 집중적으로 탐구했던 백건우 선생은 한때 한 인터뷰에서 그의 음악 연주를 멈추게 된 이유로 스크랴빈의 음악에서 드러나는 악한 성질에 두려움을 느꼈기 때문이라고 대답하기도 했다. 스크랴빈의 피아노 소나타 7번은 〈하얀 미사〉, 피아노 소나타 9번은 〈검은 미사〉라는 명칭이 각각 붙어 있다. 얼핏 보면 피아노 소나타 9번이 피아노 소나타 7번보다 심리적으로 더 무겁고 어둡게 느껴질 수 있지만 작품을 바라보는 시각에 따라서 작품이 내포하고 있는 색의 성격이 전혀 다르게 느껴질 수 있다.

'스크랴빈 스페셜리스트'로 명성을 떨쳤던 러시아의 피아니스트 블라디미르 소프로니츠키는 스크랴빈의 피아노 소나타 9번은 자주 연주하였지만 피아노 소나타 7번은 연주하지 않았는데 〈하얀 미사〉라는 명칭이 붙은 이 소나타를 연주하지 않는 이유를 물어오는 질문에 스크랴빈의 피아노 소나타 7번을 연주할 때 자신이 죽을 수도 있기 때문이라고 대답을 한 적이 있다. 소프로니츠키의 견해는 음악을 바라보는 시각에 따라서 작품을 받아들이는 이가 느끼는 작품의 색상의 성격이 판이하게 달라질 수 있다는 것을 단적으로 보여주는 가장 대표적인 예이다.

지금처럼 정보화시대의 풍요를 누리지 못했던 시대에 편곡작업은 음악 작품을 청중들에게 소개하여 알릴 수 있는 가장 효과적인 방법으로 이용되었다. 프란츠 리스트의 몇몇 오페라 편곡은 화려함을 과시하기 위한 도구로 음악을 이용했다는 비난을 받기도 하였지만 그는 슈베르트의 가곡 편곡작업을 통하여 편곡이라는 장르의 가치를 한 차원 높게 승화시킨 대표적인 인물이었다. 편곡작품은 작품을 받아들이는 사람들의 시각에 따라 작품에 대한 평가가 극명하게 엇갈린다. 대표적인 예로 라벨이 편곡한 무소르그스키의 〈전람회의 그림〉이 있다. 원곡이 훼손되었고 오케스트레이션이 지나칠 정도로 화려하게 덧칠되었다고 비판을 하는 이들이 있는 것도 사실이다. 편곡작업은 원곡의 형태를 최대한 보존해야 하는 막중한 책임이 요구되며 원곡을 재창조하는 과정에서 원곡에 새로운 형태의 음악적 흐름이 자연스럽게 유입되어야 음악적 가치가 높은 편곡작품이 탄생될 수 있다.

히가시노 게이고의 소설을 원작으로 한 이 영화도 예외는 아니다. 소설이 원작인 영화를 대할 때는 원작의 감동이 크면 클수록 영화에서 원작이 훼손되었거나 변형되었다는 느낌을 받게 된다. 작품을 받아들이는 이들의 관점에 따라서 새롭게 각색된 작품이 재창조되어서 전달되기도 하며 또는 가차 없이 외면당하기도 한다. 모든 창작물과 창작과정을 존중한다면 가치 없는 예술은 없다. 예술작품의 성패가 흥행의 여부에 결정되지만 흥행하지 못했다고 해서 창작을 이루어낸 과정들의 가치가 떨어지는 것은 아니다.

영화 〈백야행〉은 음악에서 발생하는 여러 가지 현상들을 많이 담아내고 있는 작품이다. 화려함 뒤의 보이지 않는 이면, 밝지만 밝음 뒤에 있는 어두움, 웃고 있지만 웃음 뒤에 자리를 차지하고 있는 어두움 등 이 영화에서 드러나는 감정의 색상은 끊임없이 변화되며 관객들에게 전달된다. 마지막 장면에서 희고 화려한 옷을 입은 유미호의 모습이 화사한 백색으로 보여지지 않을 때 비로소 소설을 통해서, 그리고 영화를 통해서 창작자들이 전달하고자 했던 메시지가 잘 전달되었다고 할 수 있을 것이다. 유미호 역을 맡은 배우 손예진 씨의 눈빛을 통해서 전달되는 정적인 감정의 움직임, 상황에 따라서 미묘하게 변화되는 신체적 동선, 배역의 몰입도 등은 많은 감탄을 불러일으킨다. 영화 〈백야행〉은 음악에서 드러나는 현상과 흐름을 생생하게 발산하고 있기에 감동적이다.

<입술에 노래를>(2015)

: 울리지 않던 피아노 소리와 마침내 울린 피아노 소리

아라가키 유이가 주연으로 출연한 이 영화는 여러모로 보아 진부할 수 있다. 하나의 음악을 듣고 하나의 영화를 보며 느낄 수 있는 감동의 크기는 어떤 시선으로 작품을 바라보는가에 따라 제각각 다르다. 이 영화는 순수한 시선으로 바라보면 조용하고 담담하게 청초한 색을 발산하고 있는 한 폭의 수채화같이 느껴질 수 있지만, 편협한 시선으로 바라보면 억지로 감동을 쥐어짠 것 같은 그저 그런 휴먼 드라마 장르의 한 작품으로 보여질 수도 있다.

이 영화를 받쳐주는 가장 큰 매력은 순수한 색감과 스크린을 통해서 전달되는 기다림의 미학이라 할 수 있을 것이다. 사람들은 모두 자기만의 아픔과 상처를 가지고 있다. 아픔과 상처가 바탕이 되어 한 인간의 인격과 개성을 이루어 나간다. 영화 속에 등장하는 인물들도 각자의 아픔과 상처를 삶을 통하여 발산하고 있다. 이 영화에서는 등장인물들 각자의 아픔과 상처가 하나가 되어 합창으로 소리를 발산하고 합창 소리가 음악으로 승화되는 모습을 보고 들을 수 있다.

옛 거장들의 피아노 소리와 피아노 음색은 특히 남달랐다. 이제는 음질이 열악한 녹음들을 통해서만 접할 수 있지만 그래도 몇 마디만 들어도 피아노 음색에 따라 피아니스트를 구별할 수 있을 정도로 피아노 소리의 특징이 뚜렷했던 시절이 있었다. 지금 이 시대를 살아가고 있는 피아니스트들도 모두 자기 나름대로의 피아노 음색을 가지고 있다. 얼핏 듣기에는 이 시대의 피아니스트들이 모두 똑같은 피아노 음색을 가진 것 같이 느껴지고 모두가 똑같은 연주를 하는 것 같지만 저마다의 연주와 해석 안에는 음악에 대한 자신만의 관점과 삶의 고뇌가 녹아 있는 것이다. 이전 시대의 요제프 호프만, 에드윈 피셔, 벤노 모이셰비치 등이 들려주었던 독특한 자기만의 피아노 음색을 떠올려보면서 현대 피아니즘과 현대 피아니스트들을 바라보면 모두 좋은 교육을 받고 이전보다 훨씬 뛰어난 테크닉을 소유하고 있음에도 불구하고 거의 모든 피아니스트의 피아노 음색과 연주가 획일화되어 있는 듯한 느낌을 지울 수 없다.

이 영화를 보는 관객들은 한때 주목을 받았던 한 피아니스트의 삶을 통해서 의문의 쉼표를 느낄 수 있다. 출산을 앞두고 있는 친구를 대신하여 나가사키현의 고립된 섬에 있는 중학교에 부임한 유리 가시와기는 학교의 합창단 교육을 맡게 된다. 학생들은 새로 부임한 미모의 선생님 특유의 냉정함에 호기심을 느끼며 그녀에게 관심을 가지다가 그녀가 주목을 받았던 적이 있는 피아니스트였던 것을 알게 된다. 그래서 그녀의 연주를 듣기 위하여 그녀에게 여러 차례 피아노를 쳐줄 것을 부탁하지만 무슨 이유에서인지 항상 거부당한다. 그녀가 '이제는 피아노를 연주하겠지?'라고 생각하는 장면이 나와도 피아노의 소리는 울리지 않는다. 피아노 소리가 울리지 않고 유난히 긴 쉼표가 계속되는 이유는 영화의 스토리가 서서히 전개되면서 관객들에게 전달된다.

존재하는 모든 사람들은 저마다의 미래를 꿈꾸며 살아간다. 누군가는 냉혹한 현실에 직면하면서 좌절하여 자신의 꿈을 잃어가고 때로는 꿈을 접기도 한다. 그렇지만 저마다의 소망이 있기에 내면의 불꽃을 간직하며 묵묵히 살아가고 또다시 꿈을 꾼다. 영화에서처럼 미래의 자신에게 보내는 편지를 써보면 어떨까? 시간은 흐르고 인생은 덧없이 지나가지만 그래도 꿈꾸며 사랑해야만 삶이 지속될 수 있다는 사실을 이 영화는 깨닫게 해준다. 주인공의 손끝을 통하여 피아노 소리가 울리게 되기까지의 템포 설정이 유난히 느리게 느껴지지만, 마침내 울리게 되는 피아노 소리를 통해서 이 영화를 바라보는 모든 이들의 가슴속에는 저마다 느낄 수 있는 자기만의 소리가 울려 퍼질 것이다.

　누구에게나 기억하기 싫은 아픔의 시간들이 있다. 그리고 대부분의 사람들은 아픔의 시간들을 잊기 위해 노력하며 자신의 삶 속에서 아픔의 시간들의 흔적을 지우려고 한다. 정확하게 표현하자면 아픔의 시간들을 외면한다. 하지만 객관적으로 삶을 바라보고 냉정하게 존재의 현상을 분석해보면 저마다의 지워버리고 싶은 아픔의 시간들 또한 삶의 일부분이었음을, 존재를 이루고 있었던 하나의 퍼즐 조각이었음을 부정할 수 없다는 것을 알게 된다.

　악보에 쉼표가 기록된 부분은 음의 공백 상태만을 뜻하지 않는다. 쉼표 역시 엄연히 음악을 구성하고 있는 음악의 일부분이고 소리와 리듬을 내포하고 있는 음악의 골격이다. 많은 이들이 쉼표를 들리지 않는 것으로 여긴다. 그리고 많은 피아니스트들이 쉼표의 중요성을 간과하는 연주를 한다. 악보를 자세히 읽어보면 알 수 있듯이 쉼표는 분명히 울림을 가지고 있는 음악의 중요한 한 부분이다. 이 영화는 삶을 통해서 느낄 수 있는 저마다의 쉼표를 보여주며 들려주었기에 감동적이다.

올리비에 메시앙

: 그의 음악을 바라보면서

앙리 뒤티외, 앙드레 졸리베와 더불어 현대 프랑스 음악을 대표하는 올리비에 메시앙(Olivier Messiaen, 1908~1992)은 그의 피아노 작품인 〈아기 예수를 바라보는 20개의 시선〉을 통해서 피아노 음악의 역사에 한 획을 그었다. 회화적인 요소를 가지고 있으면서 동시에 독특한 화성과 리듬으로 형성되어 있는 이 작품은 피아노 음악 문헌에서도 특별한 자리를 차지하고 있다. 연주자는 물론이고 음악을 듣는 청자들에게도 엄청난 인내심과 주의력을 요구하는 이 작품은 약 2시간 정도의 연주 시간이 요구되는 난곡이다.

이 작품을 다룬 음반으로는 여러 종류가 발매되어 있지만 그중에서도 프랑스의 대표적인 피아니스트이며, 한국에서는 피아니스트 조성진 씨의 스승으로 잘 알려진 미셸 베로프의 괄목할 만한 성과를 빼놓을 수 없다. 그는 이 작품의 복잡한 텍스트를 낱낱이 분석했고, 텍스트 안에 담긴 음악적인 흐름을 정확하게 파악을 하는 데 성공했기 때문에 프레이징의 긴장과 이완은 절묘하게 구사되었고 음악 각각의 특성들이 멋들어지게 잘 대비되어서 작품의 시작부터 끝까지 음악 전체의 시각적인 흐름이 자연스럽게 전달된다. 그런 의미에서 미셸 베로프의 연주는 이 작품을 논할 때 대표적인 레퍼런스로 언급된다.

이 작품의 몇몇 곡을 발췌하여 리사이틀에서 연주하는 경우는 종종 있으나 전곡 연주를 접할 수 있는 기회는 아직도 드물다. 첫 번째 이유는 작품의 난해함과 긴 연주 시간을 들 수 있으며, 두 번째 이유는 공연을 기획함에 있어서의 문제를 들 수 있다. 상업적인 관점에서의 상품성과 대중성을 확보하기가 어렵기 때문에 아직까지도 전곡 연주로 이 작품을 접할 수 있는 기회는 거의 없다고 해도 과언이 아니다. 국내에서는 피아니스트 백건우 선생이 명동성당에서 이 작품을 초연하면서 화제가 되었고 이후 예술의 전당에서 다시 한번 전곡 연주를 함으로써 국내 음악계에 큰 반향을 불러일으켰다.

메시앙의 음악을 특징짓는 가장 중요한 요소는 소리를 통하여 드러나는 종교적인 색채와 음악을 통한 신앙심의 표출이다. 그의 음악이 다소 복잡한 형태의 리듬과 화음으로 구성되어 있지만, 종교성은 그의 음악에서 그리 어렵지 않게 발견된다. 또한 그는 스크랴빈과 마찬가지로 음과 색의 연관 관계에 큰 관심을 가졌을 뿐만 아니라 리듬을 다양한 형태로 세분화하는 실험을 한 후에 밀도 높고 입체적인 리듬을 추출해서 자신이 고안한 독특한 화성법과 결합하여 리듬의 율동성이 신비로운 화성을 통해서 시각화되는 공감각적인 음악을 작곡했다. 리듬에 대한 메시앙의 탐구 정신은 그의 또 다른 대표적인 피아노 작품인 〈새의 카탈로그〉를 작곡하는 과정에서 절정에 달하는데 이 작품은 그가 새들의 울음소리를 자신만의 시선으로 포착해서 다양한 리듬으로 형상화한 그의 집요한 리듬 연구의 결정체라고 할 수 있다.

독실한 가톨릭 신자이자 뛰어난 오르가니스트였던 메시앙은 교향악적 울림과 오르간의 음향을 성공적으로 융합시킴으로써 선배 작곡가들인 안톤 브루크너와 세자르 프랑크의 삶의 양식을 고스란히 답습했고 그들의 진정한 후계자가 되었다. 제2차 세계대전 중에 독일군에게 생포되어 포로수용소로 이송되는 등 전쟁의 비참함을 몸소 겪었던 메시앙은 포로수용소에서 자신의 걸작 중의 하나인 〈시간의 종말을 위한 4중주〉의 초연에 자신이 직접 참여하면서 그 어떤 참담한 상황이 다가와도 인간의 의지와 고귀한 정신성을 훼손시킬 수 없다는 사실을 삶과 음악을 통하여 증명했던 위대한 정신의 소유자였다.

슈라 체르카스키

현대 피아니즘의 고질적인 문제로는 획일화된 작품 해석과 피아노 음색을 들 수 있다. 피아노 음색만으로도 피아니스트들이 구별되는 시대가 있었다. 그런 시대의 가장 대표적인 인물들 중의 한 명인 슈라 체르카스키(Shura Cherkassky, 1909~1995)는 낭만주의 계열의 피아니스트에 속하였고, 구세대의 피아니즘을 간직했던 인물이었다.

연주를 할 때와 연주를 들을 때는 매너리즘에 빠지지 않도록 감정의 흐름을 조절해야 한다. 현대 피아니스트들에게 매너리즘은 가장 경계해야 하는 대상이다. 슈라 체르카스키는 삶과 음악에서 항상 자신만의 독특한 틀을 제시하며 살아간 인물이었고, 그의 연주와 작품 해석에서도 체르카스키만의 독특한 틀을 어렵지 않게 발견할 수 있다. 그만의 틀이 일관되게 발견되기 때문에 듣는 이로 하여금 그의 연주가 매너리즘에 빠져 있다는 확신이 들게 되는 순간들이 많았다. 하지만 그는 글렌 굴드가 그랬듯이 매너리즘을 뛰어넘어 매너리즘이라는 개념을 확장한 대표적인 인물이었다.

그의 작품 해석은 한 치 앞을 예측하기 어려웠으며 때로는 변덕마저 심했다. 하지만 그는 다른 연주가들이 보지 못했던 각도에서 작품을 바라보았고 항상 작품의 새로운 모습을 제시했는데 어느 작곡가의 작품들을 연주해도 그의 해석이 참신하게 느껴지는 것은 그가 음악에 접근했던 방식이 다방면적이었기 때문이다. 그는 낭만주의 음악 해석에 탁월했던 인물이었지만 자신을 어느 한 영역에 머무르게 하지는 않았다. 이 사실은 그의 폭넓은 레퍼토리들이 증명해준다.

그는 탁월한 '리스트 스페셜리스트'로 분류되기도 하는데 그가 젊은 시절 녹음한 프란츠 리스트의 헝가리안 랩소디들과 예스러운 멋이 느껴지는 아나톨 피스톨라리 지휘하의 필하모니아 오케스트라와 협연한 리스트의 피아노 협주곡 1번 녹음, 그리고 카라얀 지휘하의 베를린 필하모닉 오케스트라와 협연한 〈헝가리안 판타지〉 녹음에서 그의 탁월한 리스트 작품 해석을 발견할 수 있다.

프로코피예프와 스트라빈스키, 그리고 바르톡의 작품들에서 그가 들려준 피아노의 타악기적 특성에 중점을 둔 맹렬한 타건도 매력적이다. 그는 프로코피예프의 피아노 협주곡 2번이 관심을 받지 못했던 시기에 이 작품을 연주했던 장본인이기도 했다. 1950년대의 스튜디오 녹음과 1991년에 켄트 나가노 지휘 하의 런던 필하모닉 오케스트라와 협연한 실황 녹음에서 이 작품에 대한 그의 각각의 견해를 엿볼 수 있다.

슬라브계열의 연주자인 만큼 그는 러시아 음악의 연주에도 일가견이 있었다.[1] 그중에서도 체르카스키가 연주한 안톤 루빈스타인의 피아노 협주곡 4번의 해석과 라흐마니노프의 피아노 협주곡 3번의 해석에는 특별한 의미가 부여된다. 그 이유는 그의 스승인 요제프 호프만 때문이다. 안톤 루빈스타인에게 가르침을 받았던 요제프 호프만은 라흐마니노프가 인정했던 당대의 거장 피아니스트였고 라흐마니노프에게 피아노 협주곡 3번을 헌정 받았지만 정작 호프만 자신은 이 작품을 연주하지 않았기 때문에 그의 제자인 체르카스키의 해석에는 상징적인 의미가 부여될 수밖에 없다. 특히 그가 타계하기 한 달 전에 유리 테미르카노프 지휘하의 로열 필하모닉 오케스트라와 진

---

[1] 체르카스키는 제정 러시아 시대에 우크라이나의 오데사에서 태어나 혁명의 소용돌이를 피해 미국으로 건너갔다.

행했던 라흐마니노프의 피아노 협주곡 3번 녹음에서는 체르카스키가 완전히 다른 방식으로 음악을 바라보는 시선을 느낄 수 있다. 다채로운 방식으로 음악을 바라보는 체르카스키의 시선은 사망하던 해에 남긴 라흐마니노프의 소품들을 연주한 녹음에서도 엿볼 수 있다. 최후의 낭만주의자였던 그는 죽음 앞에서도 끊임없이 새로운 시각으로 음악을 바라봤던 진정한 음악가였다.

스타니슬라프 네이가우즈

스타니슬라프 네이가우즈(Stanislav Neuhaus, 1927~1980)를 논할 때는 반드시 그의 가계도를 짚고 넘어갈 필요가 있다. 잘 알려져 있듯이 그의 친아버지가 바로 러시아 피아노 학파의 대부로 칭송받는 겐리흐 네이가우즈였다. 겐리흐 네이가우즈의 문하에서 스뱌토슬라프 리흐테르와 에밀 길렐스를 비롯하여 야콥 자크, 아나톨리 베데르니코프, 이고르 주코프, 블라디미르 크라이네프, 엘리소 비르살라제 등의 현대 러시안 피아니즘을 대표하는 제자들이 대량으로 배출되었는데 스타니슬라프 네이가우즈 역시 자신의 아버지의 문하에서 공부했다. 연주 스타일과 피아노 음색, 그리고 음악가로서의 성향과 기질을 고려한다면 사실 그는 누구보다 겐리흐 네이가우즈를 가장 많이 닮은 인물이었다.

어린 시절에 그의 부모였던 겐리흐 네이가우즈와 지나이다 니콜라예브나가 이혼하였고 그의 어머니는 재혼을 하게 되었는데 이로 인해서 스타니슬라프 네이가우즈는 새아버지를 맞이하게 되었다. 새아버지의 엄격함과 인간적인 냉정함 때문에 유년 시절의 그는 행복하지 못했는데 그의 새아버지는 바로 〈닥터 지바고〉의 저자인 보리스 파스테르나크였다. 보리스 파스테르나크와 겐리흐 네이가우즈는 절친한 사이였는데 우정이 지속되기 어려웠을 일을 거쳤음에도 불구하고 그들의 우정은 평생 동안 계속되었다.

스타니슬라프 네이가우즈는 그네신 음악학교에서 음악교육을 받은 이후 모스크바 국립 음악원의 산하 기관인 우칠리쉬에서 뛰어난 피아니스트이자 교육자였던 블라디미르 벨로프에게 가르침을 받았다. 사실 모스크바 국립 음악원에 입학하고 난 후에도 벨로프와 공부했는데 벨로프의 제자연주회에 참석한 겐리흐 네이가우즈가 처음으로 스타니슬라프 네이가우즈의 연주를 들은 후 아들의 뛰어난 재능에 탄복하게 되어 거의 빼앗아 가다시피 자신의 클래스로 데려간 일화는 유명하다.

겐리흐 네이가우즈는 스타니슬라프 네이가우즈의 음악성을 각별히 아끼게 되었고 피아노 듀오 연주회를 열어서 아들과 함께 연주했을 만큼 자기의 아들에 대한 애정이 남달랐다. 음악원을 졸업한 후에는 조교로서 아버지를 돕게 되면서 교육자로서의 경험도 쌓게 된다.① 그는 모스크바 국립 음악원에서 교수로 재직하며 몇몇 뛰어난 제자들을 길러내기도 했다. 반 클라이번 국제 콩쿠르와 리즈 국제 콩쿠르 우승 이후 베토벤과 브람스, 그리고 특히 슈베르트의 뛰어난 작품 해석으로 클래식 음악계에서 독보적인 존재로 추앙받은 라두 루푸와 차이콥스키 국제 콩쿠르 우승자인 블라디미르 크라이네프가 그의 제자들이다.②

스타니슬라프 네이가우즈는 아버지인 겐리흐 네이가우즈의 장기 레퍼토리였던 쇼팽과 스크랴빈의 작품 해석에 탁월했는데, 이 음악적인 DNA는 대대로 전승되어서 스타니슬라프 네이가우즈의 아들에게도 전해지게 되었다. 쇼팽 국제 콩쿠르 우승자로 잘 알려진 스타니슬라프 부닌이 바로 그의 아들이다.③ 음악가로서 예민한 감성과 특유의 에스프리를 바탕으로 연주하는 스타일 또한 삼대에 걸쳐서 유전되는데, 겐리흐 네이가우즈와 스타니슬라프 네이가우즈, 그리고 스타니슬라프 부닌이

---

① 스타니슬라프 네이가우즈가 조교로 활동했던 당시에 겐리흐 네이가우즈를 보좌했던 또 다른 두 명의 조교들도 흥미로운 인물들인데 한 명은 뛰어난 연주자였던 동시에 교육자로서도 명성을 떨쳤던 예프게니 말리닌이었고, 또 다른 한 명은 연주자로서보다는 교육자로서 엄청난 명성을 떨쳤던 레프 나우모프였다.
② 이들은 모두 겐리흐 네이가우즈의 제자들이었는데 그의 사망 이후에 스타니슬라프 네이가우즈의 클래스로 들어가서 가르침을 받았다.
③ 스타니슬라프 부닌은 혼외관계로 태어난 아들이었기 때문에 어머니 쪽의 성을 가지게 된다.

연주하는 각각의 독창적인 쇼팽 연주를 통해서 그러한 특징들이 발견되는 것은 흥미롭다. 그들의 쇼팽 작품 해석은 피는 속이지 못한다는 것을 증명해 주는 소중한 자료들이다.

피아니스트로서 스타니슬라프 네이가우즈는 연주회에서 놀라울 정도의 집중력을 바탕으로 완성도가 높은 연주를 들려주는 동시에 그에 대비되는 산만하고 실수가 많은 모습을 자주 보이기도 했다. 하지만 그러한 경우에도 쇼팽의 마주르카 같은 소품을 앙코르로 워낙 훌륭하게 연주하는 바람에 앙코르를 연주하기 전에 들려준 전체적으로 실패에 가까웠던 앞선 연주들을 청중들로 하여금 잊어버리게 했을 만큼 그는 감정 기복이 심한 연주를 했던 인물이었다. 동시대의 다른 피아니스트들과 달리 스타니슬라프 네이가우즈는 콩쿠르를 통해서 유명세를 탄 인물은 아니었다.

그는 오히려 콩쿠르에서의 성공과는 거리가 먼 케이스에 속했다. 실제로 그는 1949년에 열린 쇼팽 국제 콩쿠르에 참가할 뻔했는데 출국해야 하는 당일 아침까지도 비자가 나오지 않아서 결국 참가할 수 없었고④ 이후 롱 티보 국제 콩쿠르에는 참가는 했지만 좋은 결과를 얻지 못했다. 스타니슬라프 네이가

---

④ 사실상 소비에트 당국이 스타니슬라프 네이가우즈의 콩쿠르 참가를 허가하지 않은 것이다.

우즈는 야행성이었기 때문에 저녁에 연습을 시작해서 새벽 2시에서 3시까지 연습을 하고 난 후 새벽이 거의 지날 무렵 잠을 자는 경우가 많았는데 오전 7시에 일어나서 오전 9시에서 10시 사이에는 연주를 해야 하는 콩쿠르에서의 낯선 환경에서 그는 좋은 연주를 할 수 없었다. 한 가지 분명한 사실은 스타니슬라프 네이가우즈가 피아니스트로서 항상 어느 정도의 완성도가 보장되어 있는 뛰어난 테크니션-비르투오소는 아니었다는 점이다.

 음반들을 통해서 만날 수 있는 그의 명연들 중에서 블라디미르 두브롭스키 지휘하의 소련 국립 교향악단과 협연한 스크랴빈의 피아노 협주곡 연주는 너무나 인상적이기 때문에 반드시 들어볼 필요가 있다. 화려하면서도 유연하게 음악을 이끌어나가는 모습이 인상적인데 이 작품의 연주를 겐리흐 네이가우즈 학파에 속하는 다른 연주자들[5]과 비교해서 들어보면 작품에 대한 연주자들의 접근법은 각각 다르지만, 음악의 큰 틀 안에서는 스타니슬라프 네이가우즈와 다른 연주자들의 작품 해석이 일맥상통하는 모습을 발견할 수 있기 때문에 흥미롭다. 쇼팽의 즉흥곡 전곡 녹음에서는 낭만성을 유지하면서 텍스트를 정확

---

[5] 겐리흐 네이가우즈의 녹음과 알렉세이 나세드킨의 음반들(예프게니 스베틀라노프 지휘하의 소련 국립 교향악단과의 녹음과 블라디미르 페도세예프 지휘하의 모스크바 방송 교향악단과의 녹음), 그리고 블라디미르 크라이네프의 영상 등을 참고할 것.

하게 드러내는 모습을 발견할 수 있고, 왈츠나 마주르카 같은 소품들에서는 스타니슬라프 네이가우즈 특유의 멜랑콜리한 감성과 그만의 독특한 루바토를 발견할 수 있다.

그가 남긴 녹음 중에서 감상할 때마다 마음을 쓰라리게 하는 기록이 있는데 그것은 바로 그가 사망하기 일주일 전인 1980년 1월 18일에 녹음된 모스크바 국립 음악원의 대공연장에서의 연주를 담은 실황 음반이다.⑥ 쇼팽의 발라드 전곡과 자장가, 피아노 소나타 3번, 그리고 드뷔시의 〈달빛〉과 라흐마니노프의 프렐류드 등이 담겨 있는 이 실황 음반을 들어보면 손가락의 컨트롤이 자유롭지 못하고 굉장히 경직되어 있는 모습을 발견할 수 있는데 그 모습은 흡사 불꽃을 향하여 날아가는 불나방을 연상시킨다. 음악에 대한 뜨거운 열정을 늘 가슴 속에 간직했던 그는 생을 마감하는 마지막 순간까지 아낌없이 예술혼을 불태운 진정한 음악가였다.

---

⑥ 스타니슬라프 네이가우즈는 1980년 1월 24일에 53세의 나이로 세상을 떠났다.

루돌프 제르킨 전집을 듣고
(The Complete Columbia Album Collection, 75CD)

: 진리를 향하여 항해했던 기록들

　　루돌프 제르킨(1903~1991)이 콜롬비아 레코드와 소니 클래식에서 남긴 모든 녹음을 총망라하여 발매한 이 전집은 음악가로서의 그를 집중적으로 조명할 수 있는 소중한 자료인 동시에 클래식 음악사적으로도 중요한 의미를 가지고 있는 유산이다. 다른 음반사들에도 그가 남긴 녹음들이 있기는 하다. EMI와 도이치 그라모폰에서 남긴 음반들도 있고, 오르페오와 BBC에서 발굴한 음원들과 텔락에서 남긴 기록들도 있다. 다른 레이블들을 통하여 접할 수 있는 연주들도 나름대로의 매력과 가치를 가지고 있으나 제르킨이라는 한 인물을 집중적으로 조명하기에는 양이 적고 음반 선택의 폭이 넓지 않아서 아쉬운 면이 있었던 것이 사실이다. 그러나 1940년대 초에서 1980년대 중반에 이르기까지 다양한 시기에 걸쳐서 제르킨의 모습들이 꾸준하게 포착되어 있는 이 전집은 그의 최전성기 시절부터 노년기에 이르기까지의 변천 과정이 그대로 담겨 있기에 가치가 남다르다.

논리정연하게 자신의 의사를 말로써 잘 전달하는 것과 상대방의 말을 잘 들어주는 것은 얼핏 생각하면 쉽게 할 수 있을 것 같으나 행동으로 실천하기에는 가장 어려운 행위에 속한다. 루돌프 제르킨은 음악 안에서 자신을 드러내야 할 순간과 한 걸음 뒤로 물러서야 할 순간을 누구보다 잘 알았던 인물이었다. 솔리스트와 협연자로서, 그리고 앙상블리스트로서의 제르킨의 모습들이 고스란히 담긴 이 전집에는 음악가로서의 그의 모습들이 생생하게 담겨 있다. 그는 음악 안에서 누구보다 겸손했고, 개성이라는 명분을 내세워 자기도취에 빠져서 연주하는 부류의 피아니스트들과는 거리가 먼 인물이었다. 제르킨은 작곡가가 악보를 통하여 남겨놓은 모든 메시지를 올바르게 전달하는 연주를 했다. 그렇게 때문에 그의 작품 해석과 연주는 바로 음악 그 자체였다. 그는 항상 신중한 자세로 음악을 대했는데 음악을 소중하게 여기는 제르킨의 모습은 그의 작품 해석과 연주에 그대로 반영되어 있다.

음 하나에도 정성과 장인정신이 깃든 연주를 들려준 그의 모습은 진리를 추구하는 구도자의 모습을 연상시킨다. 그와 비슷한 길을 걸어갔던 또 다른 대표적인 인물로는 클리포드 커즌을 들 수 있다. 비슷한 방식으로 진리의 길을 걸어갔던 그들의 모습은 안경을 쓴 외모뿐만 아니라 작품 해석과 피아노 음색 등 많은 것들이 닮아 있기 때문에 흥미롭다.

제르킨은 작곡가의 악보라는 재료만으로도 음악을 온전하게 만들어 냈다. 다른 첨가물이나 조미료는 필요하지 않았다. 개성이 바탕이 된 MSG에 길들여진 사람들에게는 그의 연주가 지루하고 재미없게 느껴질 수 있다. 자극적인 맛에 길들여져 있는 혀가 자연의 맛을 이질적이라고 느끼는 것과 마찬가지이다. 자연의 맛에 익숙해지기까지는 많은 시간이 필요할 수 있다. 하지만 시간이 걸리더라도 자연의 맛을 이해하고 나면 재료 본연의 맛이 주는 매력에서 쉽게 빠져나오기 힘든 것과 마찬가지로 음악 그 자체를 추구했던 제르킨의 연주에 익숙해지고 나면 조금이라도 자의적인 개성이 담겨 있는 연주들은 거북하게 느껴질 수도 있다.

음반의 커버와 라벨은 오리지널 LP의 모습을 따르고 있다. 음반들의 러닝타임이 짧은 이유도 LP 발매 순서를 따르면서 되도록 오리지널 LP 커버의 모습을 음반 커버에 반영하고자 했기 때문인데 80분이 넘어가는 러닝타임이 익숙한 CD세대들에게는 그런 모습들이 익숙하지 않을 수도 있다. 30분대에서 70분대로 진입하는 음반들의 러닝타임은 레코드 기술의 역사를 한눈에 보여준다. 예전에는 레코드에 담을 수 있는 저장 용량에 한계가 있었고 장시간 녹음을 할 수 없었기 때문에 연주를 아주 빠르게 하는 방식이나 몇몇 부분들을 삭제하여 연주하는 방식을 통하여 녹음을 완성하기도 했다. 그러한 연유로 과거 낭만주의 피아니스트들의 녹음들에서는 초인적인 빠르기의 연주와 악보를 건너뛴 연주가 종종 발견되기도 한다.

제르킨의 1940년대와 1950년대의 녹음들도 음악을 감상하는 데에는 지장이 없을 만큼 음질은 나쁘지 않다. 간간이 느껴지는 LP의 잔향이 오히려 반갑게 느껴질 수 있다. 많은 레퍼토리들이 중복되어 있지만 녹음 시기는 모두 다르다. 특히 베토벤의 피아노 협주곡들과 슈만의 피아노 협주곡, 그리고 브람스의 피아노 협주곡들에서 중복 녹음들이 많이 발견되는데 같은 작품이 여러 차례 같은 지휘자와 녹음되어 있거나 또는 동일한 작품이 다른 지휘자들과 녹음되어있다. 프리츠 라이너와 유진 오먼디와의 브람스의 피아노 협주곡들의 연주에서는 제르킨의 젊은 시절 모습을 발견할 수 있는데 온화하고 인자한 모습에 가려져 있던 가슴속의 뜨거운 온기가 놀라울 정도로 인상적이다.

이 전집에서 연주의 완성도는 전체적으로 매우 높다. 루돌프 제르킨이 굉장히 완벽주의적인 성향의 소유자였던 것을 떠올려보면 연주의 높은 완성도는 지극히 당연하고 자연스러운 결과다. 그는 몇몇 음반 표지에서 볼 수 있는 인자하게 웃는 모습과 다르게 음악에서만큼은 타협이 없었고 자신의 연주를 아주 엄격한 잣대로 판단했던 인물이었다. 안타깝게도 그러한 그의 완벽주의적인 성향으로 인해서 베토벤 피아노 소나타 전곡 리코딩 같은 프로젝트는 사실상 진행되기 어려웠다. 제르킨의 베토벤 피아노 소나타들의 연주 완성도를 고려해 봤을 때 그가 베토벤 피아노 소나타 전곡 녹음을 남기지 못한 것은 정말 안타깝다. 미완성으로 남은 에밀 길렐스의 베토벤 피아노 소나타 전곡 녹음 프로젝트와 더불어 가장 아쉬움이 남는 음악 역사의 한 장면이다.

모차르트의 음악을 악보에 충실하면서 과장 없이 정확하게 연주한다는 것이 얼마나 어려운 것인지는 많은 음악가들이 늘 어놓는 푸념을 통해서 알 수 있다. 호로비츠가 만년에 자신만의 관점으로 모차르트를 재창조했을 때와 마찬가지로 제르킨이 만년에 클라우디오 아바도와 남긴 매력적인 모차르트의 피아노 협주곡들의 해석은 아직도 많은 사람들에 의하여 회자된다. 이 전집을 통해서 접할 수 있는 제르킨의 모차르트 피아노 협주곡들의 연주와 만년의 제르킨의 모차르트 피아노 협주곡들의 연주는 확실히 차이가 있다. 제르킨이 만년에 제시했던 모차르트 접근법과 비교해보면 젊은 시절의 제르킨은 확실히 조금 더 직선적으로 모차르트의 음악에 접근하고 있다는 것을 알 수 있다. 젊은 시절의 제르킨이 그만의 영롱한 피아노 음색에 생기를 부여하여 연주를 통해서 모차르트의 음악과 하나가 되는 모습 또한 거부할 수 없는 매력으로 다가온다.

많은 전집 세트들이 염가로 한꺼번에 판매되는 모습을 바라보면 과거에 음반 한 장을 수집하기 위해서 노력했던 순간들이 그리워짐과 동시에 허탈한 마음이 든다. 음악의 가치가 땅바닥에 떨어진 것 같은 허무감이 들기 때문이다. 음악을 대하는 이의 마음가짐에 따라서 음악의 가치는 커질 수도 있고 작아질 수도 있다. '자본주의의 다양성'이라는 미명으로 음반들을 염가로 포장해서 대량으로 물량 공세를 퍼붓는 상술이 성행하고 있지만, 그런 상업적인 속셈에도 불구하고 음반 안에 담긴 음악의 가치만큼은 훼손되지 못하고 훼손할 수도 없다.

이 전집은 제르킨이 진리를 향하여 항해했던 발자취가 그대로 담겨 있기에 남다른 가치를 가지고 있다. 정성스럽게 만들어진 부클릿 안에 들어 있는 진리 추구자의 사진들을 바라보면 음악을 더욱 높은 차원에서 바라보며 진리를 향하여 항해했던 그의 모습들이 고스란히 느껴지기에 감회가 남다르다. 앞으로도 이 전집과 같이 역사적인 가치와 알찬 구성을 동시에 갖추고 있는 전집은 만나기 힘들 것이다.

루돌프 제르킨 전집을 듣고(The Complete Columbia Album Collection, 75CD)

키릴 콘드라신, 그의 삶과 음악을 회상하면서

: 음악을 통한 만남과 음악을 통한 이별

키릴 콘드라신(Kirill Kondrashin, 1914~1981)의 사진들을 바라보면 그의 두 눈은 유난히 매섭게 느껴지고 그가 굉장히 골똘하게 무엇인가를 응시하고 있는 듯한 느낌이 강하게 든다. 실제로 그는 자신만의 매서운 시선으로 총보를 읽었고 총보를 통하여 포착된 음악 너머에 서서 부분이 아니라 전체를 강조하며 작곡가의 내면세계를 조망했던 지휘자였다. 때로는 숨이 가쁠 정도로 지나치게 서두르는 모습들이 작품 해석을 통하여 포착되기도 하며 디테일한 면에서는 그리 섬세하지 못한 순간들도 있었다. 그러한 점들은 그의 단점이자 특징이기도 하다.

그는 작품 전체를 보다 크고 넓게 바라봤던 음악가였다. 그리고 자신만의 목소리와 억양을 음악 안에 투영시켜 나타낼 수 있는 비범한 능력의 소유자였다. 그의 수족과도 같은 모스크바 필하모닉 오케스트라를 비롯하여 소련 내의 여러 오케스트라와 남긴 녹음들이나 망명 이전 소비에트 당국의 허가하에 이루어진 해외 연주 여행 시기에 서구 오케스트라들과 남긴 녹음들,① 그리고 망명 이후 서구 오케스트라들과 남긴 녹음들을 유심히 들어보면 시기를 막론하고 작품 해석에 있어 콘드라신의 특징과 그만의 독특하고 강한 억양이 일관되게 나타나고 있다는 사실을 알 수 있다.

지휘자들 특유의 자기중심적인 성향은 때때로 동료 음악가들과의 인간적인 관계에서 심각한 마찰을 불러일으켰고 더 나아가서는 작품의 연주와 해석에도 영향을 미쳐서 음악이 훼손되는 결과가 초래되기도 했다. 키릴 콘드라신은 수많은 음악가들과의 연주를 통하여 음악에 있어서 상호 관계의 가장 이상적인 예를 제시한 인물이었다.

특히 다비드 오이스트라흐, 스뱌토슬라프 리흐테르, 에밀 길렐스, 므스티슬라프 로스트로포비치 등 한 시대를 풍미했던 거장들과의 협주곡 연주를 들어보면 솔리스트를 충실하게 서포트해주는 가운데서 음악의 균형을 맞추어 나가는 모습과 솔리

---

① 소련의 음악가들은 철저한 내부 심사를 거친 후 소련 문화성으로부터 출국 허가를 받은 이후에야 해외 연주 여행을 떠날 수 있었다.

스트를 최대한 배려하면서도 음악 전체에 콘드라신 특유의 강한 억양을 이입하며 음악의 흐름을 넓고 유연하게 이끌어 나가는 모습을 발견할 수 있다. 음악의 밸런스를 맞추어 나가면서 자기의 주장은 확실하게 표현하는 그런 모습들은 역학 관계의 좋은 표본이라고 할 수 있다.

한 음악가와의 만남을 통하여 키릴 콘드라신의 삶은 큰 전환점을 맞이하게 되었고 드디어 본격적으로 서방 세계에서도 활동을 할 수 있게 되었는데 그 음악가는 바로 1958년에 모스크바에서 열린 제1회 차이콥스키 국제 콩쿠르에서 우승을 차지했던 반 클라이번이었다. 체제경쟁이 극심했던 냉전 시대에 소련에서 열린 국제 콩쿠르에서 미국인이 센세이셔널한 반응을 불러일으키며 차지하였던 우승은 전 세계적으로 큰 반향을 불러일으켰다. 당시 콩쿠르 결선에서 키릴 콘드라신과 반 클라이번은 차이콥스키의 피아노 협주곡 1번과 라흐마니노프의 피아노 협주곡 3번을 연주하며 호흡을 맞추었는데 이때의 실황 녹음을 들어보면 당시 콩쿠르 현장의 뜨거웠던 열기를 생생하게 느낄 수 있다.

제1회 차이콥스키 국제 콩쿠르가 끝난 후 콘드라신은 미국으로 초청되어 반 클라이번과 함께 콩쿠르 결선에서 연주했던 작품들을 다시 함께 연주하며 녹음했다. 그리고 별도로 RCA

빅터 심포니 오케스트라와 러시아-소비에트 작곡가들(차이콥스키, 림스키 코르사코프, 하차투리안, 카발렙스키)의 관현악 작품들을 녹음했는데 이 기록에서도 작품 해석에 있어 콘드라신의 특징과 그만의 독특하고 강한 억양은 일관되게 나타나고 있다. 오케스트라를 가리지 않고 자신이 구상했던 사운드를 기어이 뽑아내고야 마는 그의 오케스트라 장악력은 정말 인상적이다.

그가 모스크바 필하모닉 오케스트라의 수장으로 재임했던 기간 동안 이 악단은 가장 화려한 황금기를 구가했다. 그의 사임 이후 적지 않은 지휘자들이 과거의 영광을 재현해보려고 시도했으나 현재까지도 그가 재임했던 당시의 찬란했던 순간들은 재현되지 못하고 있다. 콘드라신이 모스크바 필하모닉 오케스트라를 통하여 뽑아내었던 사운드는 확실히 생동감이 있고 묵직하며 톡 쏘는 맛이 강하다. 특히 라흐마니노프의 〈심포닉 댄스〉 녹음에서의 으르렁거리는 맹렬한 사운드는 위협감이 들 정도다. 그리고 그가 모스크바 필하모닉 오케스트라와 함께 남긴 가장 큰 업적인 쇼스타코비치 심포니 전곡 녹음은 지금도 가치를 잃지 않고 있다.

러시아 지휘자와 러시아 오케스트라의 조합으로 이루어지는 브루크너와 말러의 작품 해석과 연주는 확실히 이질적으로 다가오며 지금도 많은 논란을 불러일으키고 있다. 러시아 오케스트라의 지방색은 짚고 넘어갈 필요가 있는데 러시아 지휘 학파의 양대산맥인 모스크바 지휘 학파와 상트 페테르부르크 지휘 학파는 많은 차이가 있다.

상트 페테르부르크는 지리적으로 서구와 가깝고 문화적으로도 서구화되어 있다. 상트 페테르부르크 지휘 학파에 속한 지휘자들이 오케스트라로부터 뽑아내었던 사운드를 들어보면 모스크바 지휘 학파를 대표하는 지휘자들이 추구했던 사운드와는 확연하게 다른 것을 알 수 있다. 보다 더 다듬어진 세련된 음색과 화사한 사운드, 그리고 절제하는 경향이 상트 페테르부르크 지휘 학파의 특징이라고 할 수 있다. 일례로 유튜브에 등록되어 있는 상트 페테르부르크 지휘 학파의 대부로 불리는 일리야 무신[2]의 방대한 영상강의를 보면 지휘법의 구사에 있어서 보다 더 신중한 제스처를 요구하며 세밀한 표현방식을 추구하고 있다는 것을 쉽게 알 수 있다.

니콜라이 골로바노프와 예프게니 스베틀라노프, 그리고 블라디미르 페도세예프 등 모스크바 지휘 학파를 대표하는 지휘자들이 추구했던 투박하고 거친 사운드와 그들의 지휘방식은

---

[2] 일리야 무신의 제자로는 유리 테미르카노프, 바실리 시나이스키, 세묜 비치코프, 발레리 게르기예프, 바실리 페트렌코 등이 있다.

상트 페테르부르크 지휘 학파에 속한 지휘자들과의 차이와 간격을 명확하게 들려주고 보여준다. 전체적으로 러시아 오케스트라들의 사운드는 확실히 서구 오케스트라들의 사운드에 비해 거친 면이 있지만 그러한 요소가 자국의 음악 연주에서는 오히려 장점으로 드러나기도 한다.

키릴 콘드라신은 소련 청중들에게 말러의 음악을 적극적으로 소개한 장본인이었다. 말러의 음악 속에 담겨 있는 의미를 전달하기 위한 그의 노력은 망명 이전 남겼던 말러 심포니들의 녹음 속에 고스란히 담겨 있다. 사실 소비에트 체제 안에서 활동했던 음악가들은 많은 제약에 시달려야 했는데 연주하고자 하는 레퍼토리도 소련 문화성으로부터 검열을 거쳐 당국의 허가를 받아야만 연주를 할 수 있었다.

그는 그러한 상황에서도 음악을 통하여 체제와 미묘한 긴장감을 조성하기도 하였던 쇼스타코비치의 4번 심포니와 13번 심포니를 직접 지휘하여 초연했다. 정치적인 제약이 있던 시대를 살았음에도 대담하게 쇼스타코비치의 심포니 전곡을 녹음함으로써 보여준 그의 음악가로서의 신념과 반유대주의적인 정서는 소비에트 연방 안에서도 예외가 아니었지만 그런 상황에서도 말러 심포니들을 적극적으로 연주하며 녹음함으로써 누구보다 사명감을 가지고 말러의 음악과 청중과의 만남을 주선했던 그의 용기는 높이 평가받아야 한다.

모스크바 필하모닉 오케스트라와 소련 국립 교향악단, 그리고 레닌그라드 필하모닉 오케스트라와 함께 진행했던 말러 심포니 녹음[3]들은 말러의 음악 해석에 새로운 패러다임을 제시했다는 점에서 의미가 있다. 그 녹음들에서는 기존의 지휘자들이 바라보지 못했던 각도에서 말러를 바라보고 있는 콘드라신의 시선이 고스란히 포착되어 있다.

콘드라신의 말러 접근법과 다른 지휘자들의 말러 접근법은 분명히 차이가 있다. 직선적인 작품 해석에서 드러나는 다소 성급한 템포 설정과 전체적으로 거친 사운드는 충분히 거부감을 불러일으킬 수 있지만, 서구 오케스트라들의 음색과는 확실하게 대비되는 사운드와 기존에 들을 수 없었던 성부들의 부각을 통하여 그가 제시했던 새로운 말러 접근법은 지금도 신선하게 느껴진다.

흥미로운 것은 냉정한 시각으로 바라봤을 때, 망명 이전 그가 제시했던 전체적인 말러 음악 해석 양상이 망명 이후 서구 오케스트라들과 연주했던 말러 심포니 녹음들에서도 그대로 나타

---

[3] 2번 심포니와 8번 심포니는 아쉽게도 녹음되어 있지 않다.

난다는 것이다. 물론 망명 이후의 녹음들에서는 오케스트라들의 음색과 사운드의 결이 보다 더 부드럽게 느껴지지만 그의 말러 접근법을 유심히 관찰해보면 러시아 오케스트라들의 지방색과 멜로디야 음반사 특유의 메마르고 건조한 음질이 그의 말러 해석에 선입견과 편견을 불러일으킨 주요 요소들인 것을 알 수 있다.

키릴 콘드라신의 삶에 있어서 극적이었던 순간들은 다행스럽게 모두 기록으로 남아 있다.④ 드레스덴 슈타츠카펠레를 지휘하여 독일에서 쇼스타코비치의 4번 심포니를 초연했던 순간과 모스크바 필하모닉 오케스트라를 이끌고 일본을 방문하여 말러의 9번 심포니를 초연했던 순간, 그리고 네덜란드 연주 여행 도중 목숨을 걸고 실행했던 망명 직전인 1978년 12월 5일에 모스크바 국립 음악원의 대공연장에서 먀스콥스키의 6번 심포니를 지휘했던 순간은 모두 녹음되어서 음반으로 발매되어 후세에 전달되게 된다. 특히 '진노의 날' 모티브와 합창 파트가 함께 들어 있는 먀스콥스키의 철학적인 6번 심포니 연주에서는

---

④ 시중에서 구하기는 힘들지만, 쇼스타코비치의 4번 심포니가 작곡된 지 25년이 지난 후인 1961년 12월 30일에 콘드라신의 지휘 아래 세계 초연되었을 당시의 실황 녹음과 쇼스타코비치의 13번 심포니가 초연을 무산시키기 위한 소비에트 당국의 노골적인 방해 공작에도 불구하고 1962년 12월 18일에 콘드라신의 지휘 아래 세계 초연되었을 당시의 실황 녹음이 발굴되어 모스크바 차이콥스키 국립 음악원의 자체 레이블로 정식 발매된 바 있다.
음반 번호: SMC CD 0162-0163

작품의 시작부터 끝까지 팽팽한 긴장감을 느낄 수 있다. 이 기록은 망명을 앞둔 콘드라신이 느꼈던 복잡한 심경을 담고 있을 뿐만 아니라 그의 수족과도 같은 모스크바 필하모닉 오케스트라와 조국, 그리고 소련 청중들과의 고별을 고하는 순간이 고스란히 포착되어 있기 때문에 역사적인 가치가 있다. 망명 직전의 이 녹음은 콘드라신의 삶과 음악을 논할 때 빼놓을 수 없는 기록이며 반드시 거론되어야 하는 소중한 자료이다. 연주가 끝나고 청중들이 보내는 박수 소리는 진한 감동을 불러일으킨다.

그는 타계하기 두 달 전에 말러의 6번 심포니 〈비극적〉을 녹음한다. 거친 사운드와 서두르는 경향이 이 녹음에서도 그대로 나타나고 있지만 죽음을 앞둔 콘드라신의 내면 안에서 울렸던 절절하면서도 강한 어조의 심정을 고스란히 느낄 수 있다. 이 기록만으로도 그는 정말 파란만장한 삶을 살았다고 할 수 있었으나 운명은 그에게 더욱더 극적이고 격렬한 최후를 준비하고 있었다. 한 인간이 태어나서 수많은 직업 중에 음악가, 그것도 지휘자로서 활동할 수 있는 확률과 공산주의 국가에서 서방세계로의 망명을 목숨을 걸고 실행하여 성공할 수 있는 확률, 그리고 죽음을 앞두고 '장송 행진곡'을 연주할 수 있는 확률은 얼마나 될까? 아마도 로또 1등 당첨의 확률(1/8,145,060)보다 희박하지 않을까? 키릴 콘드라신은 불가능에 가까운 확률을 뚫어낸 인물이었다.

그는 1981년 3월 7일에 NDR 심포니 오케스트라(북독일 방송 교향악단)의 암스테르담 공연에서 말러의 1번 심포니를 지휘했다. 콘드라신이 무대에 섰던 공연은 원래 클라우스 텐슈테트가 지휘를 맡기로 되어 있었으나 그의 컨디션 난조로 인하여 콘드라신이 공연 직전에 극적으로 섭외되어 대타로 지휘를 맡았는데 이례적일 정도로 격렬했던 말러의 1번 심포니 연주가 끝난 바로 그날 콘드라신은 심장마비로 급서했다. '거인'이라는 제목이 붙은 말러의 1번 심포니를 한 시대를 풍미했던 음악계의 거인이 직접 지휘하고, 이 작품의 3악장인 '장송 행진곡'을 지휘한 날 죽음으로써 콘드라신은 음악 역사상 가장 강렬한 장면을 남겼다.⑤ 콘드라신이 세상을 떠나기 전에 마지막으로 지휘했던 말러의 1번 심포니 연주는 다행히 녹음되었고 음반으로 발매되었다. 음반 속에는 당시의 급박했던 분위기가 생생하게 담겨 있는데 이 음반은 말러의 1번 심포니와 콘드라신을 논할 때 빠짐없이 거론되며 두고두고 회자되고 있다. 모든 음악가들이 꿈꾸는 죽음과 가장 음악가다운 죽음을 맞이하며 세상과 청중들에게 이별을 고했던 콘드라신은 한 시대를 이끌었던 진정한 거장으로, 그리고 내면의 뜨거운 불꽃을 마지막 순간까지 아낌없이 불태웠던 음악가로 역사에 기록되어 있다.

---

⑤ 키릴 콘드라신의 '라스트 콘서트' 하루 전날인 3월 6일은 그의 생일이었는데 공교롭게도 다음 날인 3월 7일이 운명처럼 그의 기일로 정해지게 되었다.

지은이 김성은

1985년 부산에서 태어났다. 자신의 생일(5월 30일)에는 무슨 일이 있더라도 가브리엘 포레의 레퀴엠 음반을 감상하는 고상하면서도 기이한 취향을 가지고 있다. 이름이 주는 느낌과는 다르게 남자이며 피아노를 전공했다. 부산 브니엘 예술중학교와 러시아 모스크바 차이콥스키 국립 음악원 부속 우칠리쉬(the Academic Music College of Moscow State Tchaikovsky Conservatory), 그리고 러시아 모스크바 차이콥스키 국립 음악원(the Moscow State Tchaikovsky Conservatory)을 졸업했다. 신춘문예 수상 경력이 없고 문예지상에서의 작품 발표를 한 적이 없는 미등단 자인데 시인선 원고를 공모한 출판사에 보낸 시집 원고가 채택되어서 얼떨결에 시인이 되었다. 저서로는 음악을 통하여 존재의 의미를 찾아갔던 10년간의 여정을 담은 『불꽃을 향하여』(2018), 『음악을 바라보는 시선』(2020), 시집 『순간의 환영』(2023), 『밤의 노래』(2025)가 있다.

밤의 노래
Lied der Nacht

ⓒ 김성은, 2025

1판 1쇄 인쇄_2025년 09월 20일
1판 1쇄 발행_2025년 09월 30일

지은이_김성은
펴낸이_양정섭

펴낸곳_예서
　　　등록_제2019-000020호

제작·공급_경진출판
　　　이메일_mykyungjin@daum.net
　　　스마트스토어_https://smartstore.naver.com/kyungjinpub
　　　사업장주소_서울특별시 금천구 시흥대로57길 17(시흥동, 영광빌딩), 203호
　　　전화_070-7550-7776　팩스_02-806-7282

값 16,000원
ISBN 979-11-91938-99-9 03670

※ 본사와 저자의 허락 없이는 무단 전재 및 복제, 인터넷 매체 유포를 금합니다.
※ 잘못된 책은 구입처에서 바꾸어 드립니다.